I0140235

ATMABODHA

OU

DE LA CONNAISSANCE DE L'ESPRIT.

VERSION COMMENTÉE DU POËME VÉDANTIQUE

DE ÇAÑKARA ÀCHÀRYA,

PAR M. FÉLIX NÈVE,

PROFESSEUR À L'UNIVERSITÉ DE LOUVAIN.

PARIS.

IMPRIMERIE IMPÉRIALE.

M DCCC LXVI.

ATMABODHA

OU

DE LA CONNAISSANCE DE L'ESPRIT.

VERSION COMMENTÉE DU POËME VÉDANTIQUE

DE CANKARA ACHÂRYA.

BIBLIOTHÈQUE IMPÉRIALE
IMPR.

EXTRAIT N° 1 DE L'ANNÉE 1866

DU JOURNAL ASIATIQUE.

ATMABODHA

OU

DE LA CONNAISSANCE DE L'ESPRIT.

VERSION COMMENTÉE DU POËME VÉDANTIQUE

DE ÇAÑKARA ÂCHÂRYA,

PAR M. FÉLIX NÈVE,

PROFESSEUR À L'UNIVERSITÉ DE LOUVAIN.

BIBLIOTHÈQUE IMPÉRIALE

DON.
N.º 10,616.

PARIS.

IMPRIMERIE IMPÉRIALE.

M DCCC LXVI.

ATMABODHA

ou

DE LA CONNAISSANCE DE L'ESPRIT.

VERSION COMMENTÉE DU POËME VÉDANTIQUE

DE ÇAÑKARA ÂCHÂRYA.

INTRODUCTION.

Le grand système de la philosophie orthodoxe des Hindous, le Védânta, dont le nom même affirme l'étroite connexion avec leurs livres sacrés du nom de Védas, n'est pas encore, à l'heure qu'il est, connu en Europe dans l'ensemble de ses sources. Des productions de cette philosophie, quelques-unes ont été admirablement analysées, la plupart simplement indiquées par Colebrooke dans son Mémoire sur le Védânta; mais elles ne peuvent prétendre à une haute antiquité. Au moins existe-t-il des travaux supérieurs d'exégèse qui, composés au milieu de notre moyen âge par Çañkara âchârya, ont mis en valeur les principes essentiels de la doctrine; en outre il nous est venu de la même époque, et de la main du même auteur, un poëme didactique qui résume les thèses fondamentales de l'école.

Ce poëme, intitulé ATMABODHA, ou « la Connaissance de
l'Esprit, » nous a paru digne d'une nouvelle traduction après
celle de Taylor, sur laquelle est calquée la version française
de M. G. Pauthier[1] : car c'est peut-être l'ouvrage indigène qui
a popularisé avec autant de fidélité et de clarté une philosophie véritablement célèbre. En remplissant cette tâche,
nous nous sommes préoccupé des transformations que le
Védânta a dû subir dans le cours des siècles : c'est pourquoi
nous avons fait précéder le poëme de considérations sur les
origines de la doctrine qu'il représente, et sur les vicissitudes de cette doctrine après l'époque à laquelle on le re-
porte.

Nous montrerons le rôle que Çankara a rempli comme interprète de cette grande doctrine philosophique et théologique, au VIIe et au VIIIe siècle de notre ère, en même temps
qu'il a restauré les religions brahmaniques et relevé l'ascendant de la caste sacerdotale. Pour mieux affirmer l'importance des écrits et de l'enseignement de Çankara[2], nous jet-
terons un coup d'œil sur les productions des siècles suivants
qui témoignent de leur longue influence, ainsi que sur celles
des temps postérieurs qui s'éloignent de leur esprit. Nous
irons même jusqu'à invoquer à cet effet la renaissance littéraire dont a joui le Védânta, au midi comme au nord de
l'Inde, dans des œuvres poétiques en langue tamoule et en
d'autres idiomes populaires.

Enfin nous placerons à la fin de l'introduction les ren-
seignements nécessaires sur le texte de l'*Atmabodha* que nous
avons pris pour base de notre traduction, sur les manuscrits
que nous avons consultés et mis en rapport avec les éditions
imprimées ou lithographiées de ce petit ouvrage, ainsi que

---

[1] Voir le premier appendice aux *Essais sur la philosophie des Hindous*,
par M. H. T. Colebrooke, traduits de l'anglais, etc. p. 266-276 (Paris,
1833). La version anglaise, qui date de 1812, a été donnée par Taylor à la
suite de celle d'un drame philosophique, dont nous parlerons ci-après.

[2] Le Dr Frédéric-Hugo Windischmann en a le premier fait l'histoire en
Europe : SANCARA *sive de theologumenis Vedanticorum* (Bonnæ, 1833, in-8°).

sur le commentaire sanscrit anonyme dont nous nous sommes aidé et dont nous avons reproduit des extraits dans une analyse suivie des stances du poëme.

Louvain, 13 juin 1865.

§ I.

LE VÉDÂNTA DEPUIS L'ANTIQUITÉ VÉDIQUE JUSQU'À L'ÉPOQUE DE ÇAÑKARA ÀCHÂRYA.

Si la composition des écritures védiques remonte jusqu'au berceau de la civilisation des Aryas, on induirait avec vraisemblance que les systèmes de philosophie qui s'y rattachent et qui en invoquent l'autorité sont de beaucoup les plus anciens : en fait, toutefois, leur formation et leur développement se présentent sous un tout autre aspect. Des deux branches réputées orthodoxes de la science et de la spéculation indienne, la plus importante n'a pris sa pleine extension que quand elle fut un moyen de lutte contre les systèmes de philosophie indépendante et leurs conséquences pratiques; or l'antagonisme éclata seulement lorsque ceux-ci eurent ruiné les bases de l'édifice social fondé sur la révélation des Védas et sur l'autorité du sacerdoce brahmanique. Depuis Colebrooke jusqu'aux derniers historiens de la philosophie indienne, dont quelques-uns sont des savants indigènes, il ne s'est produit qu'une seule opinion sur l'ordre chronologique des *Darçanas* ou systèmes de philosophie au nombre de six; tous considèrent le Védânta, en tant que doctrine développée, discutée, faisant école, comme le plus récent des grands systèmes.

Philosophie spéculative par essence, le Védânta fut en germe, dirait-on, dans tous les travaux qui suivirent la rédaction écrite des Védas, surtout dans ceux qui dépassèrent leur interprétation littérale. Vint le moment où l'on essaya de formuler une cosmogonie et une théogonie ayant leurs racines dans les Écritures, où l'on tenta de réduire en théorie les opinions reçues sur le monde, sur l'âme et la destinée humaine, de les compléter par une démonstration : dès lors, selon toute apparence, se produisit un idéalisme panthéistique identique au fond à celui qu'a consacré le système élaboré beaucoup plus tard et désormais connu sous la dénomination de *Védânta*. Il se forma de bonne heure un mot abstrait pour désigner le travail de la pensée philosophique, *Mîmâñsâ*, « désir de connaître; » c'est qu'en effet la recherche, la spéculation tenait une très-grande place dans les entretiens des différentes écoles de brahmanes, occupées de science religieuse, et aussi dans les controverses qui ne tardèrent pas à s'élever entre plusieurs écoles.

Bientôt on distingua entre la spéculation plutôt pratique qui traitait de l'accomplissement des actes recommandés par le Véda, et la véritable spéculation philosophique qui touchait aux plus hauts problèmes de métaphysique et de théologie. L'une fut appelée *Karma-Mîmâñsâ* ou « Mîmâñsâ des œuvres, » c'est-à-dire des devoirs religieux d'un ordre élevé et aussi des plus minces prescriptions devant assurer au croyant des mérites dans cette vie et au delà; la seconde fut appelée *Brahma-Mîmâñsâ* « investigation de Brahma, » c'est-à-dire « de la science divine : » en d'autres termes, la théologie contemplative et mystique [1]. Cette partie supérieure du savoir brahmanique ne cessa pas d'être cultivée, tandis que les études auxiliaires de l'interprétation des Védas étaient portées par un lent travail à leur dernier terme; telle fut l'origine des six branches de l'exégèse védique que M. Max Müller a décrites avec tant de détails dans son livre capital sur la plus ancienne littérature de l'Inde [2]; elles furent l'objet des traités nommés *Védâñgas* ou « membres du Véda dans un sens restreint; » grammaire, prononciation, prosodie et métrique, exégèse, rituel, astronomie (*Vyâkarana, çikshâ,*

[1] Pour cette distinction, voir les Mémoires de Colebrooke sur les deux *Mîmâñsas*, dans le volume cité de M. Pauthier, et l'ouvrage de M. Windischmann père : *die Philosophie im Fortgang der Weltgeschichte*, IVᵉ part. p. 1750-1752.

[2] *A History of ancient sanskrit Literature*. London, 1859, 2ᵉ édit. 1861, in-8°. (*The six Vedangas*, p. 108-215 de la première édition.)

chhandas, nirukta, kalpa, djyotisha). Quant aux pratiques journalières du culte, l'instruction la plus minutieuse était donnée aux disciples sur leur observance et sur leur valeur.

Le Védânta est ancien en tant que formule de l'idéalisme; il apparut aussitôt que, la conquête du nord de la Péninsule étant terminée, la race des Aryas étant maîtresse de toute la vallée du Gange, les brahmanes engagèrent la lutte pour établir leur prépondérance sur les rois et les guerriers. On était encore fort loin d'une théorie semblable à celle qui fut élaborée par Bâdarâyana dans le célèbre recueil de Sûtras dont nous devrons parler; mais ce n'en était pas moins une doctrine aboutissant à l'idée fondamentale du Védânta, l'idée de Brahma comme de l'Esprit absolu, de l'Être pur. Si l'on ne peut prétendre, en remontant aussi haut, à des définitions exactes, du moins est-on en possession d'inductions fournies à la fois par la langue et par divers monuments littéraires. Ainsi acquiert-on la conviction que la spéculation d'où sortira un jour le Védânta avait ses racines dans les croyances nationales du peuple dominateur, et qu'elle fut l'objet d'un enseignement traditionnel, quand même elle n'aurait point passé dans des traités spéciaux et didactiques analogues à ceux qui servaient à établir et à défendre des doctrines philosophiques plus indépendantes.

Le nom de *Védânta*, signifiant « fin, conclusion du Véda, » était entendu, dans le principe et par le plus grand nombre, d'une haute science, dernier but de toute recherche, de tout effort de l'esprit. C'est en ce sens qu'il est usité dans le code de Manou, dont la première rédaction remonterait au ve siècle avant Jésus-Christ : le Védânta, c'est la doctrine que doit connaître et approfondir celui qui aspire au quatrième degré de la vie religieuse [1], qui veut être *sannyasî* ou ascète accompli.

Les rédacteurs du Mânava-dharma-çâstra semblent avoir employé le mot *Védânta* dans une acception antique, plus

[1] *Lois de Manou*, traduites par A. Loiseleur-Deslongchamps, l. II, d. 160, et l. VI, d. 83 et 94.

large que la désignation d'un grand système philosophique.
Comme il ressort des investigations récentes d'un indianiste
allemand [1], ce mot aurait indiqué, au pluriel comme au singulier, la littérature théologique dans son ensemble. Çañkara l'a entendu de cette façon dans son interprétation de
passages importants des *Brahma-Sûtras* [2], et on ne serait pas
autorisé par les gloses de Kullûka Bhaṭṭa sur Manou à le
restreindre, pour les temps anciens, à la seule collection des
Oupanischads. Il est bien vrai que, dans la suite des temps,
les défenseurs du système védânta se sont référés avec un
respect tout particulier au témoignage des Oupanischads
comme à celui de sources de la plus grande autorité; mais
d'autres sectes, moins fidèles à l'esprit de la révélation védique, ont élevé aussi la prétention d'invoquer ces mêmes
monuments dans toute espèce de questions. Il reste au moins
avéré, quand même on n'appliquerait pas le nom de Védânta aux seuls Oupanischads, qu'il convenait éminemment
à ces méditations philosophiques, pénétrées de l'esprit religieux propre aux anciens Aryas, comme il respire dans leurs
hymnes et chants liturgiques ; la langue et le style attestent,
aussi bien que les pensées, l'âge vraiment ancien de ces ouvrages que les lois et les coutumes ont toujours recommandés à la vénération des Hindous [3].

Si l'on comprend sous la dénomination de *Védânta* tout
un ordre de conceptions métaphysiques et religieuses,
antérieures à la formation de l'école proprement dite, on
attribuerait dans la même période au nom de *Védângas* un
sens plus étendu que celui des six sciences auxiliaires, ainsi
appelées dans le répertoire des écrits brahmaniques. D'après

[1] Dr Fr. Johæntgen, *Über das Gesetzbuch des Manu. Eine philosophisch-
litteraturhistorische Studie* (Berlin, 1863, p. 70-77, 80-82, 102-104).

[2] On y lit *védântâs*, *védântéshu*, de même que *védânta*, comme terme
collectif.

[3] Fréd. Windischmann l'a prouvé par l'étude des formes et de la syntaxe
dans sa monographie citée, *Sancara*, etc. p. 49-78.

un passage remarquable du code de Manou [1], le terme de
Védângas embrassait primitivement tous les textes non mesu-
rés, les œuvres considérables en prose qui servent de com-
plément aux chants du Véda, tandis que le terme de *Chhandas* comprenait les textes métriques, destinés au chant ou à
une récitation cadencée. Les premiers avaient aussi reçu la
désignation collective de *Brahma* ou science divine, convenant de tout point à la collection des Oupanischads et des
Brâhmaṇas, qui nous sera bientôt entièrement connue. Les
Oupanischads nous représentent la première expansion de
la théosophie indienne : qualifiées de « Leçons ou Séances, »
elles nous donnent une idée des problèmes exposés et discutés
dans les entretiens des penseurs dépositaires de la tradition
et investis d'une autorité dogmatique. Non-seulement on
aura bientôt sous les yeux le texte original de ces antiques
monuments dont l'*Oupnekhat* ne pouvait donner qu'une idée
imparfaite [2], mais encore on est sur le point de mettre au
jour complétement les amples commentaires composés sur
le texte de chacun d'eux par des maîtres de l'école védânta : nous dirons ci-après l'importance de ces commentaires à propos des œuvres de Çaṅkara âchârya. La composition des Oupanischads et celle des *Araṇyakas* « ou lectures
de la forêt, » occupation des ascètes, ont rempli la période de
l'ancienne littérature sanscrite qui a succédé à la formation
des recueils de prières dits *mantras*, mais qui a précédé la rédaction des *Sûtras* servant d'appendice aux textes réputés sacrés d'entre les livres védiques : cette période intermédiaire
dite des *Brâhmaṇas*, dont le nom compréhensif embrasse
les traités et dialogues philosophiques de l'antiquité védique,

[1] *Lois de Manou*, l. IV, d. 98, *chhandâñsi védâñgâni tu sarvâṇi*. Ibid.
d. 100, *Brahma chhandaskṛitam chaiva*. (V. Johæntgen, l. cit. p. 73-74.)
[2] Déjà M. le professeur Alb. Weber, de Berlin, a entrepris, à l'aide des
documents originaux, l'analyse exacte des Oupanischads comprises dans le
recueil d'Anquetil-Duperron, fondé sur leur version persane. (Voir la fin de
ce travail au tome IX, récemment publié, des *Indische Studien*, dont les
premiers tomes ont paru à Berlin à partir de l'an 1850.)

répondrait au vii.° et au viii° siècle avant l'ère chrétienne[1] ; c'est bien la date la moins reculée à laquelle on reporterait l'usage de la méthode et des procédés de la *Mîmâñsâ* dans les discussions savantes qui avaient pour point de départ la théologie.

Sans nul doute, les notions fondamentales de la métaphysique idéaliste du futur système védânta se sont répandues, se sont infiltrées dans toutes les contrées où prédomina l'enseignement de la caste brahmanique. Elles ne furent jamais étouffées par l'ascendant de doctrines admises à la libre discussion dans les ermitages et les écoles, malgré leur caractère plutôt rationnel, malgré l'indépendance de pensée qu'elles affectaient. Ces doctrines se sont affirmées dans la discussion orale avant de passer dans des livres ; quand on les voit mentionnées par leur nom historique dans quelque monument ancien, tel que la législation de Manou, ce n'est pas à dire qu'elles aient reçu de prime abord leur complet développement. L'influence d'une doctrine philosophique qu'on nommerait indépendante plutôt que hétérodoxe, le Sânkhya, est visible dans les parties fondamentales du *Çâstra* de Manou[2], et cependant il n'y est fait aucune allusion à des livres de cette école, ni aucune mention expresse soit du Sâñkhya, soit de Kapila, son fondateur. Le Code n'est pas plus affirmatif au sujet d'autres écoles assez anciennes ; si le terme de Nyâya s'y rapporte à des études de logique, il n'y est pas question des travaux de l'école nyâya, ni de Gotama, son chef le plus célèbre. Qu'est-on en droit d'en conclure? La libre expansion de diverses doctrines prises comme des objets d'étude et de discussion dans des écoles qui restaient encore soumises à l'autorité des Védas et au contrôle de la caste privilégiée. De même qu'il y eut plusieurs méthodes

---

[1] Max Müller, *Hist. of ancient sanskrit Literature*, ch. ii, (the Brâhmana period), p. 313, 19, p. 427, 19.

[2] Dans sa dissertation ci-dessus mentionnée, M. Fr. Johæntgen a consacré un chapitre fort curieux (p. 68 et suiv.) au premier essor des systèmes indiens. (*Das Mánava-Gesetzbuch und die philosophischen Sútras.*)

d'exégèse dont il est resté des traces dans l'histoire du brahmanisme, et aussi plusieurs recueils de chants confiés à la
garde d'anciennes familles de différentes tribus, de même il
y eut plusieurs explications philosophiques, rationnelles, de
l'origine des choses, se faisant valoir dans les centres de
hautes études de la société des Aryas déjà constituée et par-
tagée en castes. Une notoriété plus grande peut-être était dé-
partie aux systèmes qui excitaient par quelques hardiesses
l'attention des écoles ; mais ceux qui les professaient n'étaient
pas expulsés de l'enceinte des aranyas ou des ermitages des
forêts, et ne subissaient aucune espèce de persécution ; les
brahmanes, les philosophes et les écrivains qui admettaient
alors l'idéalisme du Védânta, le faisaient librement, mais
sans privilége ni protection.

Le Sânkhya ébranlait chez ses adeptes la foi aux Écritures
védiques, mais il n'en niait ouvertement ni la révélation, ni
l'autorité. Il n'apparut, avec ses conséquences religieuses et
sociales, que dans un enseignement moral sorti tout à coup
des hardiesses de ses spéculations, et parvenu bientôt, par
sa popularité, à la hauteur d'une grande religion. Le bouddhisme, dont les origines ont été mises à découvert de nos
jours, fut le produit de quelques thèses du Sânkhya de Kapila [1], et il en opéra la rapide vulgarisation. Dans ses livres,
comme dans sa prédication, il contredit les enseignements
de la théologie brahmanique, et, dans l'ordre des faits, il
constitua une lente mais redoutable opposition aux cultes
établis, aux priviléges des brahmanes et à la distinction lé-
gale des castes.

La réforme prêchée par le Bouddha Çakyamouni et par
ses disciples était fondée sur quelques préceptes de morale
qui s'adressaient à tous les hommes et qui leur promettaient
indistinctement le salut; elle se bornait à un petit nombre
d'axiomes de métaphysique en opposition avec la mytholo-

---

[1] Voir, outre l'ouvrage d'Eugène Burnouf sur le bouddhisme indien (*Introduction à l'histoire*, etc. 1844), le *Premier mémoire sur le Sânkhya* par
M. Barthélemy Saint-Hilaire, p. 389 et suiv. Paris, 1852, in-4°.

gie compliquée des brahmanes et avec leur philosophie abstraite. Quand la parole eut étendu l'empire du bouddhisme à de vastes contrées, il créa à son tour, pour mieux l'assurer, une nouvelle littérature comprenant des ouvrages de métaphysique à côté des discours et des sentences du maître, amplifiés jusqu'à devenir de gros traités de morale et de discipline.

Tout ce mouvement, dans lequel la puissance brahmanique eut un moment le dessous, jusqu'à être dépossédée de sa suprématie dans les plus florissants États de la péninsule, fit comprendre le danger des spéculations philosophiques qui ébranlaient la foi à la religion séculaire des Dvidjas ou « deux fois nés. » Les bouddhistes, devenus puissants sur une grande étendue de territoire, furent attaqués à force ouverte, vaincus et enfin expulsés de l'Inde : mais la société brahmanique ne se contenta pas de cette victoire; ses chefs appelèrent à leur aide, pour restaurer l'ancien ordre de choses, une volumineuse littérature théologique et légendaire, faisant suite aux Écritures védiques et aux anciens traités de science sacrée.

En suite d'un état de lutte qui avait duré bien des siècles avant d'avoir une issue décisive, on vit se former une puissante école se posant comme seule orthodoxe en face des écoles indépendantes aussi bien que des sectes hétérodoxes. La *Mîmâñsâ* proprement dite resta renfermée dans son rôle inférieur et passif de donner la clef des pratiques du culte; mais la *Mîmâñsâ* supérieure, la philosophie se nommant désormais *Védânta,* prit de rapides accroissements, et bientôt elle fut la force prédominante, la défense longtemps inébranlable de l'ancienne religion, qui était de nouveau maîtresse de l'Inde; elle servit de lien aux sectes religieuses qui se formèrent au sein même du brahmanisme, et d'instrument aux brâhmanes dans la polémique contre des sectes hostiles à leurs droits et à leurs priviléges.

La célébrité de l'ancienne philosophie spéculative était grande quand fut composée la *Bhagavad-Gîtâ,* où les idées de Patandjali sur le Yoga ou l'union sont prédominantes : en énumérant ses qualités, en glorifiant ses attributs, l'Être suprême se dit l'auteur du Védânta[1]. Les religions populaires par excellence, fondées sous le nom de Vischnou et de Çiva, s'approprièrent le langage et les principes des Védantins. Tout en célébrant librement la puissance de chacun de ces dieux, leurs partisans furent portés quelquefois à confondre leurs symboles jusqu'à les identifier, et, d'autre part, ils n'échappèrent pas aux conséquences d'une philosophie idéaliste couvrant en apparence toutes les conceptions, et amnistiant toutes les extravagances du mysticisme oriental.

En dehors du texte conservé des Oupanischads, le monument le plus ancien peut-être qui appartienne en propre au Védânta, c'est le recueil d'axiomes dits *Brahma-Sûtras*, c'est-à-dire de lambeaux de phrase résumant en peu de mots tel ou tel point de croyance ou de doctrine. Évidemment, des traités de ce style, ou plutôt des formules sans style, n'ont pu voir le jour que dans un âge fort avancé de la langue chantée et de la langue écrite. Aussi le recueil des *Brahma-Sûtras* paraît-il bien postérieur aux Oupanischads, dont il reflète en partie les idées, mais que cependant il interprète assez souvent d'une manière défectueuse. Il n'a pu venir qu'à la suite de livres d'une rédaction plus explicite, mais ne répondant pas aux opinions et au goût des siècles intermédiaires. L'obscurité de la forme est telle que ces axiomes seraient complétement inintelligibles sans commentaire ou glose; elle fait présumer leur date moderne, et non leur haute antiquité. On incline aujourd'hui à placer la composition des *Brahma-Sûtras* dans un des premiers siècles de l'ère chrétienne, trois ou quatre cents ans avant l'école qui s'imposa la tâche de les éclaircir, avant l'époque de Çañkara qui en fut le plus célèbre commentateur[2]. Nous reviendrons à leur forme et à leur style en parlant plus loin des nombreuses productions de cet écrivain.

[1] *Bhagavad-Gîtá*, lect. XV, d. 15.
[2] *Sancara*, p. 84-85. — Leçons de M. Albert Weber sur l'*Histoire de la*

Quant à l'auteur, ou plutôt quant au principal rédacteur de ces mêmes *Sûtras*, la tradition indienne est restée non moins vague et incertaine qu'elle l'est à propos des poëtes et des philosophes des anciens âges. Elle le nomme Bâdarâyana, qui est un second nom de Vyâsa; mais, malgré l'extension que l'imagination indienne a donnée à cette épithète de *Vyâsa*, « collecteur, compilateur, » on se refuse à croire qu'il s'agisse ici du Vyâsa mythique qui aurait mis en ordre les Védas, les Oupanischads et bien d'autres ouvrages [1]. On a confondu des personnages d'un rôle tout à fait distinct; tout autre est l'idée qui doit s'attacher à l'individualité du créateur du Védânta, c'est-à-dire de l'écrivain qui l'a constitué comme système philosophique. Bâdarâyana serait un personnage réel, un *brahmaniste* qui avait pris la charge de condenser en un recueil de sentences la substance des spéculations métaphysiques admises par la plupart des écoles orthodoxes, réputées sans danger pour le maintien de l'ancienne religion, pour le respect dû à la *Çruti* (tradition révélée) et pour l'observation des rites sacrés.

§ II.

LA PHILOSOPHIE VÉDÂNTA AU MOYEN ÂGE; SA PRÉPONDÉRANCE AU SEIN DES ÉCOLES BRAHMANIQÜES.

C'était trop peu, quand le brahmanisme redevint maître de la plus grande partie de l'Inde, de conserver dans quelques centres la science suffisante pour interpréter la lettre des textes sacrés. Il fallait ajouter aux livres dont la caste

---

littérature indienne (*Akademische Vorlesungen, u. s. w.* Berlin, 1852, p. 216-18, trad. franç. par M. Alfred Sadous, p. 362-64. Paris, A. Durand, 1859, 1 vol. in-8°.) — Voir Johæntgen, dissert. citée, p. 78.

[1] Voir le grand ouvrage de M. le professeur Lassen, *Antiquités indiennes* (en allemand), tome Ier. Bonn, 1847, p. 834. Il est à remarquer que Vyâsa n'a pas encore le surnom de Bâdarâyana dans le Mahâbhârata, et que, dans cet ouvrage, il n'y a pas de traces de ses incarnations périodiques comme celles de Vischnou, dont parlent les Pourânas.

cerdotale était gardienne d'autres livres qui en fussent
éclaircissement; il était urgent de raviver le sens des tra-
tions par de nouveaux écrits, exotériques de forme, d'un
caractère et d'un ton didactiques, mais d'un style plus clair
: d'une syntaxe plus régulière.

Peu de temps après les soulèvements qui aboutirent à la
estruction presque complète du bouddhisme, après les mas-
cres dirigés dans toute la péninsule, vers 680, par Koumâ-
la Bhaṭṭa, les études sacrées furent reprises avec une grande
deur; elles s'étendirent à toutes les branches de l'ancienne
ttérature védique et sanscrite, qui portaient l'empreinte
'une rédaction sacerdotale. Avec l'appui du peuple et sur-
ut des souverains, les brahmanes restaurèrent partout la
gislation reposant sur le système des castes d'institution
rimordiale et divine; ils remirent en honneur les rites re-
gieux qui devaient de nouveau exercer beaucoup d'empire
ir les multitudes; mais ils redoublèrent d'activité dans leurs
coles, ils ne restèrent pas désarmés dans le domaine de la
ensée, comme s'ils ne comptaient pas uniquement sur la
rce des coutumes, sur l'attrait des fables, des fêtes et des
perstitions.

Des théories anciennes, philosophiques et scientifiques,
lles que le Sâñkhya et le Vaiçéshika, conçues dans un es-
rit de complet rationalisme, subsistèrent dans les livres et
urent même de nouveaux interprètes. Mais ce furent les
ystèmes de philosophie destinés à défendre la foi natio-
ale des Aryas qui reçurent alors d'amples développements.
es productions les plus abondantes eurent pour objet la
éfense des croyances, des principes, des opinions qui
taient entrées plus profondément dans l'esprit des peuples.
est certain d'ailleurs qu'avant cet âge de rénovation pour
e brahmanisme, le génie indien avait épuisé toutes les so-
tions qu'à des époques fameuses de l'histoire du monde
philosophie a données aux problèmes important le plus
l'intelligence et à la conscience humaines [1].

---

[1] Les écoles néo-platoniciennes d'Alexandrie ont eu connaissance de
1 As Extrait nº . cf. GRÂN 735.

Le travail de la pensée brahmanique au moyen âge n'in
vente plus rien, semble-t-il, que l'on puisse qualifier d
système original. Elle emploie toute sa force à l'interpréta
tion des textes, en vue de la défense des idées auxquelle
elle voulait donner le prestige de l'antiquité. L'exégèse et
polémique l'occupèrent plus que la recherche de solution
nouvelles pour les plus grands problèmes; il y eut, à vra
dire, scission entre les membres d'une même école plutô
que fondation d'écoles nouvelles. Mais, en dehors des vaste
travaux d'exégèse philosophique et mythologique rédigé
en prose et compris sous le titre général de *Bhâshyas*, il s
produisit un certain nombre de poëmes didactiques, résumar
une doctrine et pouvant servir de symbole à ses adeptes. D
même que pour le Sânkhya et le Nyâya, la littérature d
Védânta se composa de *Sûtras* ou axiomes, de commer
taires, de traités en prose, et de quelques écrits en ver
Seulement, tandis que ceux-ci étaient appris par cœur
compris avec facilité, ceux-là réclamaient hors de l'école l
secours de gloses plus ou moins développées; plus intell
gibles que les véritables *Sûtras*, les commentaires ne pou
vaient être lus sans étude ni préparation.

L'influence de la philosophie mîmânsâ dans ses deu
branches se fit sentir dans toute espèce d'écrits, même dar
ceux qui n'appartenaient pas aux sciences philosophiques
c'est bien à ces doctrines religieuses que se réfèrent le
commentateurs orthodoxes du *Mânava-dharma-çâstra* qu
ont vécu après le x° siècle, Médhâtithi, Kullûka, Râghavâ
nanda[1] : seulement ces auteurs, qui, en d'autres cas, re
courent à des transactions ou font violence à la lettre en fa

plusieurs des doctrines originales de l'Inde, grâce au commerce d'échang
qui amena des Indiens à Alexandrie dans les siècles de l'empire romain
le Védânta, dans sa première forme, ne fut pas inconnu aux Plotin et au
Porphyre. (Voir le tome III des *Antiquités indiennes* de M. Christian La
sen, p. 429 et suiv.)

[1] Voir la dissertation citée du Dr Fr. Johæntgen, préface, p. III-IV,
passim.

veur de leur symbole, se servent, sans le cacher, du système hétérodoxe de Kapila pour expliquer les vues philosophiques du législateur hindou.

La même influence s'étendit aux dernières productions scientifiques de la littérature brahmanique; elle pénétra les immenses commentaires qui furent élaborés, au xive siècle, par l'école de Vidjayanagara sur les Védas, les Brâhmaṇas et les Oupanischads. On l'aperçoit dans les travaux exégétiques, en partie publiés, de deux frères, ministres de Bukka râdja (1355-1370), Mâdhava âchârya et Sâyaṇa âchârya [1], sur le Rigvéda et sur d'autres monuments de la théologie indienne, sans parler de leur écrit commun sur la Mîmânsâ, intitulé : *Nyâya-mâlâ-vistara.*

Il est curieux de savoir, par comparaison avec la science des commentaires philosophiques et théologiques prenant un nouvel essor, de quels ouvrages on occupa l'imagination et on nourrit l'esprit des populations indiennes. Ce furent principalement les Pourânas, qui mirent au jour avec d'étranges accroissements les légendes antiques, héroïques et mythologiques, appelées encore une fois à une immense popularité. Qu'ont voulu les écoles de poëtes qui ont composé ces longs ouvrages d'une versification raffinée, d'un style savant, sinon fournir un nouvel aliment à la foi des peuples, assurer l'appui de fictions séduisantes aux pratiques accumulées autour de chaque culte? En présence de ces grands répertoires de fables et d'aventures, les ouvrages d'imagination, et, de ce nombre, les derniers drames composés en sanscrit et en pracrit, semblent n'offrir qu'une médiocre importance, et il n'en est pas autrement des poëmes gnomiques et descriptifs, dont quelques-uns seulement ont conservé de la renommée. Tel est le caractère de cette dernière et longue période de la littérature sanscrite qui suit la renaissance du brahma-

[1] Voir Lassen, *Antiquités indiennes*, t. IV, p. 171-174. — M. Max Müller a imprimé le commentaire de Sâyaṇa dans sa grande édition du Rigvéda, parvenue au quatrième volume.

nisme, opérée au milieu du moyen âge par l'alliance étroite de la philosophie védânta avec la théologie védique.

Nous allons étudier de plus près le point de départ de ce mouvement scientifique et littéraire en réunissant les faits principaux qu'il est possible de recueillir jusqu'ici sur la carrière de Çañkara âchârya. On reconnaîtra aisément quelle valeur il faut assigner aux ouvrages sanscrits qui furent composés à cette époque, alors que la langue sacrée était, depuis plus d'un millier d'années, la langue des livres, et non plus la langue du peuple. Quoique très-éloignés de l'antiquité védique, des siècles où les hymnes furent mis au jour, et de ceux où les Écritures furent assemblées en corps d'ouvrages, Çañkara et les écrivains du même temps ont commenté fidèlement la lettre des livres sacrés avec le secours de la tradition encore vivante; ils nous ont transmis, par conséquent, l'image fidèle du brahmanisme, comme croyance et comme culte, comme philosophie et comme science, comme législation et comme morale.

Le rôle de Çañkara a déjà été étudié dans les sources par plusieurs indianistes, mais il l'a été spécialement dans cette excellente monographie de Windischmann que nous citions plus haut, et qui n'a point perdu de son autorité auprès des savants, à une distance de plus de trente ans[1]. Nous allons esquisser les principaux traits de la vie de Çañkara, afin d'y rattacher plus d'une particularité intéressante qui n'a pas encore passé dans les écrits européens traitant de la philosophie et des lettres indiennes. Avant de faire connaître le Védânta dans la forme qu'il avait revêtue au moment de sa plus grande popularité, nous résumerons tout ce qui est aujourd'hui connu des nombreux travaux de Çañkara, qui ont donné l'impulsion à ceux d'une multitude d'écrivains. Il est en vérité fort peu de noms personnels, même au-dessous des temps obscurs de l'antiquité indienne, que l'on puisse

[1] Voir la notice que nous avons consacrée à l'ingénieux indianiste de l'école de Bonn : *Frédéric Windischmann et la haute philologie en Allemagne.* (Paris, 1863.)

relever et faire valoir en les replaçant dans des circonstances réelles, dans un milieu historique; ce n'est donc pas sans profit que l'on essayerait d'entourer le nom célèbre de Çañkara des notions qui permettent le mieux d'affirmer son activité et son influence individuelle.

§ III.

LA VIE ET LES ÉCRITS DE ÇAÑKARA ÂCHÂRYA.

Le nom de cet auteur, *Çañkara*, signifie : « portant bonheur; » il est en harmonie, comme épithète devenue un des noms de Çiva, avec l'attachement du savant qui l'a rendu célèbre au culte de ce dieu. Suivant les recherches de Frédéric Windischmann, auxquelles la plupart des indianistes ont adhéré [1], Çañkara serait né dans la seconde moitié du VIIe siècle de notre ère, et il aurait fleuri jusque vers la fin du VIIIe; né vers 650, il serait mort au delà de l'an 750; sa carrière aurait précédé le règne d'un roi de Malabar, Keruman Perumal, qui gouvernait vers 800. Originaire du Malabar, né peut-être à Chidambaram, au N.-O. de ce pays, il aurait parcouru l'Inde entière, occupé d'études et de polémique. Partout il combattit les sectes et les écoles qui n'étaient pas orthodoxes au point de vue du brahmanisme triomphant, les Baûddhas et les Djaïnas, ainsi que les sectes exclusives des Vischnouïtes et même des Çivaïtes. En beaucoup d'endroits, il fonda des *matha* ou écoles, dépositaires de la seule doctrine philosophique qu'il réputât vraie, le Védânta. Toutes les traditions lui prêtent une extrême longévité, mais ne s'accordent pas sur le lieu de sa mort; selon les unes, il aurait passé dans le Kachmir, et il serait mort, âgé de cent trente-deux ans, près des sources du Gange; selon les autres, il serait mort plus près de son pays natal, à Kâñchî ou Kâñ-

[1] *Sancara*, p. 39-48. — Troyer, *Histoire du Cachemire*, t. I, p. 327, note. — Lassen, préface de la *Bhagavad-Gîtâ*, 2e éd. p. xxxv; *Antiquités indiennes*, t. IV, p. 257, note, p. 618-620.

chîpura, la moderne Kondjévaram [1], ville du Carnatic, où il aurait fait élever un temple à Parvatî [2].

La célébrité de Çañkara est attestée, sans parler de sa réputation d'écrivain, par diverses traditions brahmaniques. On aurait institué, au lieu de sa mort, pour rendre hommage à ses mânes, des rites sacrés dont des brahmanes de la race des Nambouris sont restés en possession [3].

Nous ne reviendrons qu'un instant aux données chronologiques sur la vie de Çañkara aujourd'hui admises, et sur les inductions de plus d'un genre qui les garantissent. D'une part, il a cité des auteurs, tels que Sabara-Svâmî-Bhaṭṭa, antérieurs au VII° siècle, et il a compté parmi ses maîtres un de leurs contemporains, Govinda, surnommé *Bhagavat*, et aussi Yati [4]. D'autre part, les principaux disciples qu'il a formés ont composé leurs écrits au IX° et au X° siècle, c'est-à-dire avant la naissance d'écoles célèbres ou du moins populaires, qui se sont éloignées sensiblement de la sienne. Il n'y a pas moyen de le confondre avec le Çañkara que divers livres placent parmi les illustrations fort équivoques de la cour du roi Bhodja, de Malva, seulement au XI° siècle [5].

---

[1] Voir Wilson, *Mackensie Collection*, t. I, p. 314; et le tome Ier des *Antiquités indiennes*, de Lassen, sur la situation de Kânchî au nord des pagodes de Mahabalipuram, près de Madras, et sur la riche architecture de ses temples.

[2] M. le capitaine Troyer a recueilli beaucoup de détails sur Çañkara, dans l'appendice à son édition du poëme de l'*Ananda-laharî*. (*Journal asiatique*, 1841, t. XII, 3° série, p. 273 et suiv. et p. 401 et suiv.) Nous renvoyons à ses articles pour éviter l'inutile répétition des faits secondaires.

[3] Mémoires de Wilson, dans les *Asiatic Researches*, t. XVII, p. 179.

[4] Comme on lit dans l'inscription finale de plusieurs de ses traités, par exemple, Catalogue des manuscrits sanscrits de Berlin, publié par M. A. Weber, n° 614, p. 178, note 3.

[5] On conjecturerait l'existence d'un autre Çañkara poëte; mais, quant à la pléiade poétique de Malva, le nom de Çañkara y a été inséré comme nom célèbre, au même titre que celui de Calidâsa : ainsi Bhodja aurait-il vu un jour onze Çañkaras devant lui. (Voir l'étude de M. Théodore Pavie, tirée du *Bhodja-Prabandha*, au tome IV du *Journal asiatique*, 5° série, 1854, p. 395-399.)

L'enseignement de Çankara se répandit rapidement dans l'Inde entière, à la faveur de ses voyages dans divers États, et une partie de sa renommée fut fondée sur les controverses qu'il soutint en plusieurs pays avec autant de succès que d'éclat : il aurait remporté, au Kachmir, dans un âge fort avancé, des triomphes signalés sur ses adversaires. On prétend que son enseignement eut pour siége principal Çrîngagiri, dans les Ghats occidentales, près des sources de la Tungabhadrâ, sur le territoire du Maïsour. L'ensemble des vues et des doctrines de Çankara constitua une école; mais elle ne resta pas sans divisions : ses partisans, dit-on, étaient partagés en dix classes; les différentes sectes qui remontent jusqu'à lui se sont perpétuées à Bénarès, où elles professent exclusivement le Védânta [1].

La renommée que Çankara s'est acquise comme philosophe et théologien repose en partie sur sa fécondité littéraire, comprenant des ouvrages étendus en prose, et quelques poëmes. La tâche la plus considérable qu'il ait remplie comme écrivain, c'est celle de commentateur des anciens livres brahmaniques renfermant les principes du Védânta et la démonstration générale de ce système. Nous nous occuperons d'abord de la classe de ses écrits que l'on comprendrait sous le nom de *Bhâshyas* ou de grands commentaires.

Les ouvrages exégétiques de Çankara ne ressemblent pas à ces gloses composées aux époques inférieures de la civilisation indienne, pour servir à l'éclaircissement partiel d'un texte plus ou moins célèbre. Ils décèlent un esprit puissant et original qui a mis en lumière tout un ordre d'idées anciennes, spéculatives et religieuses, qui n'avaient pas été encore suffisamment développées et reliées entre elles. Ils sont tirés d'une connaissance approfondie des sources antiques, et ils ont servi merveilleusement le dessein qu'avait leur auteur de défendre la foi des Aryas et d'affermir les

[1] Voir l'ouvrage cité de M. Christian Lassen, t. IV, p. 619-620.

bases de la société brahmanique : la pensée du philosophe
attaché aux principes du Védânta était partout à l'unisson
avec celle du croyant, du brahmane imbu de la science et
des droits de sa caste. Malgré l'ampleur des commentaires de
Çañkara, il restait place encore au travail des glossateurs
qui élucideraient son opinion jusque dans les détails et qui
disserteraient sur le sens des termes. Une glose ou *tîkâ* a été
ajoutée par une autre main, presque toujours, au *Bhâshya*
ou premier commentaire, travail du maître.

Çañkara âchârya a illustré de ses observations dogmatiques et littérales un grand nombre de livres vénérés pour
leur âge ou pour leur caractère sacré; on citerait en première ligne les Oupanischads les plus renommées comme
expression de l'antique sagesse, mais renfermant en principe
le panthéisme idéaliste du Védânta : c'étaient le *Vrïhad Ara-
nyaka*, l'*Aitaréya Upanishad*, le *Chandogya Upanishad*, et plusieurs autres traités du même titre, *Taittaréya*, *Praçna*,
Svétâsvatara, *Kéna*, *Isâ*, *Katha*, *Munda* et *Mândakéya*. On
peut juger aujourd'hui de l'importance du commentaire
perpétuel de Çañkara, depuis que les éditeurs de la *Bibliotheca indica*, parmi lesquels on distingue le docteur
Édouard Roer, ont imprimé le texte même du Bhâshya sous
celui du texte original[1] : c'est un service signalé rendu aux
lettres indiennes par des membres européens et indigènes
de la Société asiatique du Bengale, tous versés profondément dans l'intelligence de l'antiquité brahmanique.

On rapporte à Çañkara la composition de commentaires
du même genre sur des ouvrages d'un âge postérieur, portant le titre d'*Oupanischads*, par une sorte de contrefaçon
intéressée des ouvrages ainsi nommés; par exemple, la
Nrïsiñha Upanishad, rédigée au VIIe siècle de notre ère selon
les idées d'une secte vischnouïte voulant glorifier la qua-

---

[1] Les volumes II, III, VII et VIII de la première série de la collection pu-
bliée à Calcutta, en fascicules, format in-8°, en caractères dévanagaris, de
1850 à 1855. — Voir la note de Lassen, *Antiq. ind.* t. IV, p. 836, et les *Essais de Colebrooke*, traduits par Pauthier, p. 152.

trième incarnation de son Dieu [1]. De tels ouvrages se composaient de deux parties, l'une remplie de fictions et d'aventures agréables aux sectaires, l'autre, au contraire, toute philosophique, définissant les attributs de l'Esprit suprême, identifié à Brahma et à d'autres grands dieux. Dans la seconde section de ces fausses Oupanischads dominait la philosophie Védânta [2]; c'en est assez pour justifier le travail auquel se serait livré Çañkara sur la lettre de productions si inférieures en âge et en autorité à celles qu'il avait longuement commentées.

La *Bhagavad-Gîtâ*, ou « le chant du bienheureux, » qui a été insérée comme épisode philosophique dans le Mahâbhârata, mais qu'on peut en détacher comme œuvre importante de la poésie didactique, a été comprise dans les études exégétiques de Çañkara; ce maître et son disciple Anandagiri ont pu l'interpréter dans l'esprit du Védânta, malgré l'importance qu'y a prise la théorie du Yoga ou de l'union, issue d'une autre tendance, l'école Sâñkhya théiste de Patañdjali [3].

Le travail capital qui assura la réputation de Çañkara parmi les penseurs indiens, ce fut son interprétation des *Sûtras* de Bâdarâyana, que nous avons mentionnés plus haut. Ces sentences, intitulées *Brahma* ou *Çârîraka-Sûtras*, c'est-à-dire axiomes de Brahma, de l'Être divin, ou de l'Esprit incorporé, sont toutes très-brèves et fort obscures, comme si l'initiateur s'était réservé le privilége d'en donner la clef. Çañkara, se faisant le vulgarisateur des doctrines cachées dans ces *Sûtras,* les a fondus dans le texte naturellement fort développé de ses explications. L'exposé de Çañkara

[1] Celle où Vischnou était revêtu d'un corps d'homme, mais avec la tête et les griffes d'un lion.

[2] M. le docteur Alb. Weber a signalé le fait dans sa dissertation récente sur la *Râma-Tâpaniya-Upanishad* (Mémoires de l'Académie des sciences de Berlin, 1864, pages 271-272), et dans son analyse de la *Nrïsinha-Upanishad* (*Indische Studien*, t. IX, 1re fasc. 1865, p. 54, 61 et 68).

[3] Une édition de la *Bhagavad-Gîtâ*, en caractères bengalis, avec les commentaires de Çañkara, d'Anandagiri et de Çrîdharasvâmin, a été imprimée à Calcutta, en 1858 (567 pages in-4°).

lui-même n'est pas dégagé des obscurités inhérentes au langage abstrait de la spéculation indienne; mais il présente un style tout différent de celui des *Sûtras*, et sa prose contraste avec ces formules par la régularité et la fermeté des constructions au degré où la syntaxe du sanscrit comporte ces qualités. Le *Bhâshya* de Çañkara est intitulé : *Ratna-pra-bhâ-bhâsita*, ou, « Éclaircissement de la clarté des perles ; » il renferme 555 sûtras, distribués en quatre lectures (*Adhyâyas*), divisées en quatre sections (*pâdas*). On est depuis peu d'années en possession du texte original des axiomes de Bâdarâyana[1], avec le commentaire de Çañkara et la glose de Govinda Ananda, qui le suit à la marge de chapitre en chapitre[2].

Dans l'encyclopédie de la littérature et des sciences brahmaniques, où les écrits de philosophie sont compris dans la catégorie des *Oupâñgas*, faisant suite aux *Védas* et aux *Védângas*, on considère le recueil des *Brahma-Sûtras* comme fondement de l'étude de la seconde Mîmâñsâ ou du Védânta; c'est à ce titre qu'il est analysé par un brahmaniste moderne, Madhusûdhana, dans son tableau général de la littérature orthodoxe des Hindous[3]. Mais, tout en le déclarant une œuvre capitale dépassant en mérite toutes les autres, le même auteur recommande d'apprendre à la mieux connaître dans l'exposé qu'en a fait le vénérable Çañkara, sous forme de commentaire. Aussi, quand M. John Muir, à Édimbourg, a mis naguère au concours l'histoire approfondie de la philosophie

[1] *The aphorisms of the Védânta, by Badarayana, with the Commentary of Sankara acharya and the gloss of Govinda ananda* (13 fascicules de la *Bibliotheca indica*, 1re série; publiés de 1852 à 1863 à Calcutta, d'abord par les soins du docteur Éd. Roer, et plus tard d'un pandit, et formant deux volumes ensemble de 1,155 pages in-8°).

[2] La glose ou explication (*Vyâkhyâ*) a le titre de *Bhâshya-ratna-prabhâ*, ou : « Éclat des perles du Commentaire. » Il en existe un ms. à Berlin (Catalogue de M. Weber, n° 610, p. 177).

[3] Le petit traité de Madhusûdhana a été publié en sanscrit et traduit en allemand, par M. Alb. Weber, au tome Ier de ses *Indische Studien*. (Voir les passages sur le Védânta, pages 8-9, et pages 19-20.)

védânta d'après les sources indiennes, il réclama des con-
currents, non-seulement l'interprétation des *Brahma-Sûtras*,
mais encore la traduction du *Bhâshya* de Çañkara : ce sera
là une partie essentielle de la tâche à laquelle des juges com-
pétents d'entre les indianistes européens ont attaché l'obtention d'un prix considérable [1].

L'œuvre de Çañkara a d'autant plus d'intérêt, à titre de
source, qu'elle est à la fois dogmatique et polémique : elle soutient les thèses du Védânta, mais elle en rapproche les objec-
tions des écoles les plus célèbres qu'elle discute et réfute tour
à tour, par exemple, du Sâñkhya de Kapila, du Yoga de Patañdjali, du Vaiçéshika [2]. C'est là qu'on découvre la vivacité de
la lutte qui était engagée entre les partisans de la loi brahmanique et les représentants de ces systèmes rationalistes, avant
que le Védânta eût pris le dessus en conciliant la croyance
avec la spéculation, la religion avec la métaphysique ; là aussi
on peut se convaincre du goût persistant des Hindous de
toutes les sectes et de toutes les écoles pour des discussions
fort subtiles qui passaient du terrain de la science sur celui
du mysticisme, qui comprenaient les théories de l'atomisme
et les problèmes de logique avec les vues les plus hasardées
de l'idéalisme.

Une seconde classe des productions de Çañkara serait formée par les poëmes et les traités védantiques qui se sont conservés sous son nom. Confiés facilement à la mémoire, ils
étaient destinés pour la plupart à populariser les opinions de
l'école dominante.

Celui des poëmes attribués à Cañkara qui semble lui ap-

---

[1] Le prix institué en 1857, n'ayant pas été décerné, a été remis au concours en 1861. Voir le programme dans les revues orientales de cette année,
et en particulier au tome XVII, 5° série, du *Journal asiatique*, pages 560-
562. (M. Muir a renoncé depuis à ce concours. Réd.)

[2] Le Révérend Banerdjea, Indien converti, qui enseigne aujourd'hui au
Bishop's College de Calcutta, a relevé, en manière d'exemple, plusieurs des
réponses de Çañkara à ses adversaires dans ses *Dialogues on the hindu philosophy*. (Dial. VIII, édit. de Londres, 1861, 1 vol. in-8°, pages 337 et suiv.)

partenir sans conteste est l'*Atmabodha* que nous allons faire connaître dans une nouvelle version annotée ; il renferme une courte exposition du système védânta conforme à celle que le même auteur en donne dans d'autres écrits[1]. Par contre on lui refuserait la composition de deux autres petits poëmes : le *Mohamudgara* et le *Bâlabodhanî*. Le premier, intitulé « Maillet de la folie, » résume en treize distiques les conseils de l'ascétisme indien, comme l'ont entendu les sectes ; il a déjà été publié et traduit plusieurs fois[2]. Le second, dont le titre signifie « Instruction des ignorants, » exprime, en quarante-sept distiques, avec les opinions connues de l'école, défendues par Çañkara, des assertions qui se sont produites assez longtemps après et qui sont énoncées dans des productions relativement modernes, telles que le Védânta-Sâra[3] ; il a été publié et commenté par Frédéric Windischmann, en tête de sa précieuse dissertation sur l'école.

Les manuscrits mettent sous le nom de Çañkara des pièces en vers et en prose, qui traitent de l'*Âtman* ou l'Esprit, dans le sens de la doctrine védantique (*Atmopadêça*). Il existe en ce genre, dans la seule collection Chambers, deux opuscules didactiques, l'un, *Atmadjnânopadêçavidhi*[4], en quatre khandas ou sections, l'autre, *Upadêçasahasrî*[5], sommaire doctrinal très-renommé en un millier de çlokas, sans parler d'un grand nombre de commentaires et d'explications inscrits sous le nom du même auteur, comme relevant de son école[6].

[1] Voir, par exemple, l'opinion de M. Lassen, *Antiquités indiennes*, t. III, p. 851, et t. IV, p. 837, note.

[2] *Asiatic Researches*, t. Ier. — Voir au tome XII, 3e série, du *Journal asiatique*, le texte que nous avons annoté d'après un ms. de Paris, et que nous avons accompagné d'une nouvelle traduction française (1841). — Voir aussi la *Sanscrit anthology* de Hæberlin, Calcutta, 1847, pages 255-256.

[3] *Çankara*, caput 1. — Voir p. 48, et le commentaire du Bâlabodhanî, *passim*, sur les dissidences de doctrine dans cette classe d'écrits védantiques.

[4] *Catalogue des mss. de Berlin*, par M. Weber, ms. 678, n° 3, p. 180.

[5] *Ibid.* ms. 614, 36 folios, p. 178. — Voir Colebrooke, *Essays*, t. I, p. 335.

[6] On a également sous son nom neuf stances (*Vidjnâna-Naukâ*, ou « la

On rencontre, d'autre part, quelques poëmes mythologiques attribués de même à Çankara âchârya, quoique d'un
caractère et d'un ton fort différents des précédents. Ils ont
trait à la glorification de Çiva dont il était un zélé partisan,
comme nous le dirons ci-après; c'est, par exemple, la louange
de ce dieu, surnommé *Dakschiṇâmûrti,* en dix stances[1], pièce
assez renommée pour mériter un commentaire; c'est surtout
un hymne en l'honneur de Parvatî, épouse de Çiva, *Ananda-
lahari,* « ou l'Onde de la Béatitude »: ce morceau serait assimilé à ces panégyriques versifiés appelés *Mâhâtmya* et composés à profusion par les sectaires de l'Inde en l'honneur de
leur dieu favori[2]. L'abus si général chez les Hindous du style
figuré dans les sujets de mythologie permet de croire que le
philosophe n'a pas dédaigné, pour célébrer la grande déesse,
un style opposé à celui de ses principaux écrits; malgré le
mélange monstrueux de parties hétérogènes dans cet hymne,
la critique a jusqu'ici souscrit à la tradition nationale relativement à son auteur[3]; elle aura plus de peine à le faire
passer pour un des chefs-d'œuvre du lyrisme indien.

Restaurateur des institutions brahmaniques, Çankara,
comme nous venons de le dire, s'était fait ouvertement pro-
moteur d'un des grands cultes de la religion dominante, celui de Çiva. Il fut le fondateur des sectes çivaïtes du nom de
Daṇḍi et de *Daçanâmi,* sectes ne différant pas essentiellement

barque de la parfaite connaissance»), lithographiées avec leur commentaire
sanscrit (Bombay, 1859, — dans le même fascicule in-8° oblong qui contient l'*Atmabodha*).

[1] Le texte en a été lithographié à Bombay, dans le fascicule ci-dessus indiqué (1859); il existe dans la collection de Berlin, n° 615, ainsi qu'un
ample commentaire, intitulé *Mânasollâsa,* provenant d'un soi-disant disciple de Çankara, Visvarûpa, qui attaque comme Védantin les opinions des
sectes hétérodoxes (n° 616, 68 feuillets). Voir le *Catalogue* de M. Weber,
p. 179.

[2] Ce morceau curieux a été imprimé en sanscrit d'après une édition de
l'Inde, et traduit avec notes par le capitaine Troyer, dans le *Journal asiatique* (3° série, t. XII, p. 273 et suiv. p. 401 et suiv.). Hæberlin l'a inséré
dans son Anthologie, p. 246 et suiv.

[3] V. Lassen, *Antiquités indiennes,* t. III, p. 851, et t. IV, p. 815.

l'une de l'autre, mais représentant par leurs pratiques le quatrième état ou *âçrama* de l'ancien brahmanisme, la vie des Sannyasis; tous les sectaires honorent Çiva de préférence à d'autres grandes divinités; quelques-uns étudient la philosophie dans les Oupanischads, avec consultation pour ainsi dire exclusive des commentaires de Çañkara et de son école[1]. L'attachement de ce philosophe aux rites du çivaïsme fut porté au point qu'on fit de lui après sa mort une incarnation de Çiva[2]; mais cette fiction, qui ne fut pas généralement adoptée, n'ôte rien à la réalité historique du rôle de Çañkara. On retrouve ici, d'ailleurs, les procédés d'un syncrétisme identique à celui qui a prévalu dans l'âge avancé de toutes les religions païennes. Le théologien qui glorifiait de préférence Çiva aurait admis et même défendu l'identité de Çiva et de Vishnou; il aurait dit du premier ce que les poëtes d'autres écoles répétaient du second, et il aurait approprié de même à la louange de son dieu favori ce que les philosophes avaient inventé en l'honneur de Brahma. Ainsi les attributs de la divinité suprême étaient-ils départis par les penseurs de l'Inde tour à tour à la personnalité divine qui attirait à elle le plus d'adorateurs et qui était le centre de cultes populaires. Le même genre de syncrétisme inspirait les poëtes qui célébraient, sous le nom de Parvatî, d'Umâ, de Kâlî, et sous une foule d'autres, l'épouse de Çiva, la grande déesse, *Çakti* ou énergie, égale en puissance au terrible dieu, qui était le génie de la vengeance et de la destruction; les philosophes tels que Çañkara ratifiaient par leur exemple le langage et les fictions des poëtes[3].

---

[1] V. Troyer, *Observations sur l'Ananda-lahari*, et Lassen, *Antiq. ind.* t. IV, p. 620-622, dans un savant chapitre sur l'extension des sectes vishnouïtes et çivaïtes.

[2] Fr. Windischmann, loc. cit. p. 43. — Colebrooke, *Asiatic Res.* t. VIII, p. 467. — Mâdhava aurait, (dans un passage du *Çankara-Vidjaya*) fait dire par Çiva : « *Yatîndrah Çankaro námná bhavishyámi mahítalé.* »

[3] Un poëme entier, le *Koumâra-sambhava*, célébrait à ce point de vue l'union de Çiva et de Parvatî; dans toutes ses œuvres, Kâlidâsa a rendu hom-

La renommée de Çañkara âchârya fut assurée par les travaux de nombreux disciples qui reçurent de lui la direction
de l'école védânta, et qui ne négligèrent pas de rehausser
ses services. Le plus célèbre d'entre eux est Anandagiri, qui
avait fleuri peu après lui; on le place à coup sûr avant le
xi⁰ siècle, parce qu'il n'a pas connu des sectes nées seulement alors[1]. Non-seulement il contribua à la propagation des
principaux ouvrages de son maître par des gloses ou *tîkâs*
qui les élucidaient sur plusieurs points, et que l'on a jointes,
de nos jours, au texte imprimé de ces ouvrages[2], mais encore il lui consacra une biographie en vers sous le titre de
Çañkara-dig-vidjaya « Victoire de Çañkara en tout pays. »

C'est un ouvrage étendu en soixante-quatorze chapitres,
renfermant la relation des triomphes remportés par le maître
dans plusieurs pays de l'Inde sur ses contradicteurs, et surtout contre les théologiens hérétiques. Les chapitres de
controverse ont le titre de *Nibarhaṇa* « destruction ou réfutation; » les chapitres plutôt dogmatiques ont celui de *Praka-
raṇa* « traité, exposé, » ou celui de *Sthâpana* « confirmation,
fixation[3]; » un des derniers chapitres est consacré à la louange
du maître, *Guru-stutiḥ.*

L'exemple d'Anandagiri fut suivi par plus d'un écrivain
qui voulut rendre hommage à Çañkara dans les siècles suivants; on connaît trois autres ouvrages d'un but semblable
au sien[4]. C'est d'abord le *Çañkara-charitra*, dont il existe des

mage à leur religion et fait allusion à ses légendes et à ses rites d'une grande
popularité dès le commencement de l'ère moderne.

[1] Fr. Windischmann, *Sancara*, p. 40-41.

[2] Dans les éditions des *Bhâshyas* de Çañkara sur les Upanischads, que
nous avons citées plus haut (Calcutta, 1850, ann. suiv.).

[3] Voir le sommaire du livre placé par M. le professeur Westergaard dans
la description du manuscrit de Copenhague, n° XIII (*Codices indici biblio-
thecæ Reg. Haun.* p. 10-11. Hauniæ, 1846, in-4°). — On a publié à Calcutta,
dans la seconde série de la *Bibliotheca indica*, le premier fascicule du texte
du *Çañkara-vidjaya*, par Anandagiri (1864, in-8°).

[4] Voir Lassen, *Antiq. ind.* t. IV, p. 618 et les notes. — Au nombre des
sources, ce savant met aussi le *Kérala-Utpatti*, histoire et description du
Malabar. — Cf. Wilson, *Asiatic Researches*, t. XVII, p. 177.

versions dans des langues populaires de la péninsule[1]; le
Çañkara-kathâ, d'un auteur inconnu, et enfin le *Çañkara-vidjaya*, composé au xivᵉ siècle par Mâdhavâchârya, surnommé
Vidyâraṇya « forêt de science, » qui poursuivait l'œuvre de
Çañkara comme défenseur du brahmanisme orthodoxe dans
la philosophie et dans la polémique. Cette dernière source est
jugée d'un grand prix, parce que Mâdhava a combattu et
réfuté d'une manière approfondie les écoles et les sectes sur
lesquelles Çañkara avait remporté tant de triomphes six cents
ans auparavant.

Les succès de Çañkara dans la controverse l'ont fait passer
pour un persécuteur acharné des sectes les plus opposées à
l'orthodoxie qu'il prétendait faire triompher dans les États
brahmaniques. Il a passé pour auteur du massacre des djaïnas
à Yudhapura, et il a été représenté comme destructeur des
hérétiques dans des écrits d'histoire littéraire en plusieurs
langues. Dans le *Bhakta Mâla*, recueil de biographies en
hindoustani[2], remontant à la fin du xviᵉ siècle, il est exalté
à ce sujet dans un *chhappâi* ou sixain où on lit[3] :

« Le héros Çañkarâchârya, le gardien de la loi, s'est ma-
nifesté dans le Kali-yuga.

« Il extirpa les mécréants qui vivaient ignoramment, privés de liens religieux, et qui méconnaissaient Dieu dans leur
langage. Il extirpa tous les hérétiques quelconques.

« Bref il punit ceux qui lui résistèrent et il arriva à la voie
élevée de la vérité. On célèbre sa grande réputation dans la
limite de sa bonne conduite. »

Les succès de Çañkara dans la polémique religieuse ont donc

---

[1] Cette biographie existe en télougou, nº XIV des manuscrits décrits par
Wilson (*Mackensie Collection*, t. I, p. 314).

[2] « Cet ouvrage, dont le titre signifie « rosaire des dévots, » contient la vie
des principaux saints hindous, particulièrement des Vaïschnavas. » (Garcin
de Tassy, *Histoire de la littérature hindoui et hindoustani*, t. I, p. 378-379.)

[3] Traduit par M. Garcin de Tassy, dans le tome II du même ouvrage,
p. 43-47. — L'anecdote qui suit les vers est une fiction toute moderne servant à expliquer l'origine de l'*Amaru-Çatakam*, comme œuvre de Çañkara.
(Voir les Observations de Troyer sur l'hymne à Parvati.)

été relevés jusque dans les productions des siècles modernes de l'Inde en plusieurs langues. Il n'est pas moins curieux de savoir quel usage ont fait de sa renommée les écrivains parsis des derniers siècles pour rehausser la puissance de Zoroastre, leur prophète[1] ; ils ont mis aux prises avec celui-ci le brahmane Tchengrégàtchah, c'est-à-dire Çañkara âchârya, fier de ses victoires, et ils l'ont représenté vaincu par Zoroastre, se convertissant à sa loi et entraînant avec lui quatre-vingt mille sages de l'Inde. C'est là, au moins, un témoignage de l'immense popularité des triomphes de Çañkara.

§ IV.

SOMMAIRE DES DOCTRINES FONDAMENTALES DE L'ÉCOLE VÉDÂNTA DANS LE TEMPS DE SA SPLENDEUR AU MOYEN ÂGE.

Le résumé du système védânta fait par Colebrooke a passé dans les livres européens ; la plupart des auteurs n'ont fait que reprendre en sous-œuvre l'examen critique qu'il avait tiré des documents indigènes encore inédits. La doctrine est obscure, en tant qu'elle dérive de la contemplation plutôt qu'elle ne procède de la recherche philosophique[2] ; cependant elle relève d'un petit nombre de dogmes, et, une fois qu'on les a compris, le reste n'a plus besoin d'explication approfondie. On place avec raison parmi les *desiderata* de l'érudition orientale l'histoire complète et détaillée de la doctrine védânta, fondée sur l'analyse et la discussion de tous les monuments littéraires qui en marquent le développement. De généreux donateurs avaient confié naguère à la Société asiatique de Londres la mission de récompenser largement l'écrivain qui aurait accompli cette tâche après l'in-

---

[1] *Le Brahmane Tchengrégatchah* (d'après une vie persane analysée par Anquetil), notice de M. Michel Bréal, dans le *Journal asiatique* (juin 1862, 5ᵉ série, t. XIX, p. 497-502).

[2] Fr. Windischmann, *Sancara*, etc. p. 87.

vestigation de toutes les sources[1]. Ce vœu n'a pas été rempli
jusqu'à cette heure; il est plausible, en attendant, de ré-
pandre des données plus précises sur des ouvrages qui font
époque dans l'histoire d'une doctrine fameuse, et qui peuvent servir à mieux reconnaître ses vicissitudes intérieures et
ses rapports avec d'autres doctrines indiennes. Pour en venir à ces aperçus littéraires, nous ne pouvons nous dispen-
ser de définir le Védânta tel qu'il fut enseigné et professé
quand il sortit du fond des forêts ou des temples pour re-
vendiquer une véritable suprématie sur toutes les écoles brahmaniques dans les pays orthodoxes de l'Inde. Nous avons
heureusement pour autorité, en cette matière, l'esquisse du
Védânta qu'a faite l'éminent auteur des *Antiquités indiennes,*
dans le tableau général de la civilisation pendant la troisième
période de l'histoire de l'Inde, répondant à peu près à la
période qui a le nom de *moyen âge* dans l'histoire de l'Europe[2].

C'est un fait bien acquis à la science que la naissance tar-
dive du Védânta comme système, comme école, si l'on tient
compte de la notoriété d'autres écoles s'affirmant d'ancienne
date et se perpétuant sous le nom d'un seul chef : le Sâñkhya, le Yoga, le Nyâya, le Vaiçéshika. Outre des inductions
depuis longtemps admises, on possède à ce sujet le témoignage assez récent de savants hindous, convertis au christianisme, initiés par le contact des Anglais les plus instruits à
la philosophie grecque et à celle des nations européennes.
Dégagés de préjugés invétérés chez leurs compatriotes, ils
ont étudié, sans illusion ni parti pris, la succession et la
lutte des idées au sein de la race indienne, et ils ont pu
prononcer avec impartialité sur l'antiquité relative des principales doctrines[3]. Il est aujourd'hui avéré que, malgré ses

[1] Voir le prix proposé sur la philosophie védânta, *Journal asiatique*, 5ᵉ série, t. IX, p. 293, et t. XVII, p. 560.
[2] Chr. Lassen, *Antiq. ind.* t. IV, 1862, p. 336-340. — Cette troisième période va du IVᵉ siècle de notre ère au XIᵉ.
[3] Voir les articles de M. Barthélemy Saint-Hilaire dans le *Journal des Sa-*

hautes visées, ses tendances religieuses et mystiques, ses conclusions idéalistes dans le sens le plus rigoureux, le Védânta s'est éloigné notablement des traditions et des conceptions de l'âge védique; il avait sa source dans les habitudes spéculatives du peuple, mais il est né, comme système, en quelque sorte des nécessités de la polémique religieuse et des efforts tentés en faveur du régime des castes fondé sur la révélation des Védas, quand le sacerdoce eut repris son ascendant politique sur le sol de l'Inde.

Tandis que la première Mîmânsâ donnait le devoir, *dharma*, l'observation de la loi, comme but suprême de la spéculation, la seconde aspirait au divin, *brahma*, et regardait la science du divin comme le but final des Védas, *Védânta*, ainsi qu'il a été dit plus haut. Son premier axiome, c'est l'excellence du désir de pénétrer le divin : *brahma-djidjñâsâ*. Grâce à la connaissance de l'essence véritable du divin, l'esprit uni passagèrement à un corps, et dit, en conséquence, *çârîrakâ* « incorporé, » est délivré de ses liens, et, en dernier ressort, de la nécessité de la renaissance dans une série d'autres existences [1].

Selon les Védantins, il n'y a que l'Esprit, l'Être un, le principe divin, qu'on l'appelle *Âtman* ou *Brahma*, ou d'autres noms; c'est l'Être véritable, éternel, tout-puissant, multiple dans ses manifestations; âme universelle, âme du monde, comme auraient dit les Grecs : il pénètre tout, comme l'éther; il est immuable, constamment heureux, possédant de sa nature tout éclat et toute science.

L'Être, le divin, produit toutes choses : ce sont des écoulements de son intelligence; il est contenu dans toutes choses, qui, après leur dissolution, rentrent en son sein. Le divin,

vants, année 1864, sur les ouvrages du Rév. Krishna Mohun Banerdjea et de Néhémiah Nîlakantha Çastrîgore, brahmane converti.

[1] Consulter Fr. Windischmann, *Sancara*, p. 127 et suiv. — Lassen, *Antiq. ind.* t. IV, p. 838 et suiv. — Le Mémoire de Colebrooke sur le Védânta, *Miscellaneous Essays*, t. I, p. 338 et suiv. (trad. de Pauthier, p. 151 et suiv.).

c'est la cause idéale, mais non la cause réelle du monde; une partie seulement du divin passe dans la création, tandis que le divin reste exempt de qualités déterminées. Dans l'ordre de la création matérielle, l'éther, la lumière, l'air, l'eau et la terre émanent l'un de l'autre, de sorte que chacun de ces éléments possède une qualité de plus que celui qui le précède : ainsi la terre, nommée la cinquième, possède la visibilité, la propriété d'être perçue par l'ouïe, sentie par le tact, et aussi flairée et goûtée.

Les âmes individuelles sont des portions de l'âme universelle; en tant que détachées de celle-ci, elles ont un mode particulier d'existence. Chacune d'elles est renfermée dans un triple corps ou, plus exactement, dans une triple enveloppe, laquelle est appelée « corps subtil, » *sûkshma-çarîra,* ou bien *liñga-çarîra.* De ces trois enveloppes, la première, nommée *vidjñânamaya,* c'est-à-dire « apte à la connaissance, » est formée des éléments idéaux et primitifs dits *tanmâtra;* elle est le siége de l'organe de la *buddhi* ou de la raison. La deuxième est dite *manomaya,* comme renfermant le *manas,* le sens intime. La troisième, dite *indriyamaya,* possède les sens délicats de la perception, et elle est le siége des forces vitales.

Par opposition à la nature en quelque sorte spirituelle de cette triple enveloppe de l'âme, du « corps subtil, » on appelle l'autre corps externe, sensible, matériel, *sthûla-çarîra,* c'est-à-dire « corps grossier : » il provient d'éléments grossiers, et il est le siége des cinq sens; il subsiste seulement depuis la naissance jusqu'à la mort d'un être vivant.

Si on la considère dans ses relations avec le corps auquel elle est étroitement liée, l'âme individuelle subit cinq états différents : elle veille, elle rêve, elle est plongée et absorbée dans le sommeil, elle meurt à moitié ou tout à fait, ce qui veut dire : elle est séparée à demi ou définitivement du corps.

Dans l'état de veille, l'âme se trouve réellement unie au corps; elle perçoit les objets et elle est active sous la conduite d'une sagesse divine qu'on appellerait providence, si cette notion pouvait se produire dans la métaphysique du panthéisme sans une inconséquence évidente. Dans l'état de songe, ses conceptions sont des illusions; le rêve tient le milieu entre la veille et le sommeil. Dans le profond sommeil, l'âme, sortant de la petite cavité du cœur, dite *dahara*, remplie d'éther, fait retour par l'artère *sushumna*, à travers le crâne, jusqu'à Brahma, c'est-à-dire au principe universel. La stupeur ou l'évanouissement est pour elle une demi-mort, avant le moment où elle quitte tout à fait le corps grossier.

De même que l'immense majorité des philosophes indiens, les Védantins professent la métempsycose; ils enseignent qu'après la mort l'âme est soumise à des migrations à travers plusieurs nouvelles existences. Les âmes vertueuses s'élèvent dans des régions supérieures au monde terrestre, et elles jouissent du fruit de leurs bonnes œuvres jusqu'à ce que la somme de leurs mérites soit enfin épuisée. Ce temps écoulé, elles sont appelées à renaître, et les conditions de leur vie nouvelle sont déterminées par le caractère de leurs penchants et de leurs actes dans les vies antérieures. La même loi s'applique aux âmes coupables, condamnées à renaître dans divers corps après un séjour dans de basses et sombres régions. Le but suprême des efforts de l'homme, c'est le passage final dans le monde de Brahma, où l'âme, délivrée de tout lien, retourne à sa source et se confond avec son principe.

C'est sur l'obtention de cette délivrance définitive, qui est l'absorption en Brahma, qu'éclate surtout la dissidence des deux écoles orthodoxes du nom de Mîmânsâ; d'après la première, la fin suprême est atteinte par la piété, par les devoirs, par les sacrifices et les différentes observances que ses livres exposent minutieusement; d'après la seconde, elle l'est éminemment par la parfaite connaissance des principes de l'école, pourvu que les actions soient vertueuses.

L'*Atmabodha* de Çañkara, comme on en jugera dans une version commentée, adhère à la thèse fondamentale de la

seconde Mîmânsâ[1] : si l'âme est un jour délivrée des nais-
sances terrestres, elle y parvient, non par l'action, mais par
la science. Au point de vue légal, en rapport avec les institutions politiques, l'école védânta était favorable à l'observance des cérémonies des pratiques du brahmanisme ; mais
elle consacrait partout dans ses livres la supériorité et même
l'indépendance absolue de la spéculation philosophique.

L'autorité de Çañkara a maintenu longtemps après lui
dans la plupart des écoles les conceptions métaphysiques
dont il avait fait les bases du Védânta. Mais, vers la fin du
moyen âge, on s'en éloigna notablement même dans des
écoles qui avaient relevé de la sienne. On placerait à une
grande distance de ses écrits un ouvrage védânta, fort vanté
jusqu'à nos jours par les membres de l'école, employé même
par eux comme manuel ; c'est le *Védânta-Sâra*, ou « l'essence
du Védânta, » qui eut pour auteur Sadânanda, surnommé
Advaitânanda : deux noms qui se rapportent aux attributs
de l'Esprit, l'Être suprême de l'école, indivisible, éternel,
parfaitement heureux. Ce traité invoque, il est vrai, en première ligne, l'autorité des Oupanischads, mais il signale un
développement postérieur de la doctrine que les travaux de
Çañkara semblaient avoir fixée.

Composé inégalement de vers et de prose, le *Védânta-Sâra*
est aujourd'hui suffisamment connu en Europe ; après la première édition qui en fut donnée dans l'Inde, il fut traduit
deux fois en allemand, à peu près à la même époque, par
Othmar Franck dans sa réimpression du texte sanscrit[2], et
par Frédéric Windischmann dans l'ouvrage de son père sur
la philosophie orientale[3]. Plus récemment, le docteur Ed.

---

[1] D'après les 68 distiques du poëme, M. Charma en a condensé les formules en peu de lignes dans une de ses leçons de la faculté des lettres de
Caen, recueillies par M. Joachim Ménant (*Essai sur la philosophie orientale, etc.*
1842, p. 95-96).

[2] *Die Philosophie der Hindu, u. s. w.* (München, 1835, in-4°).

[3] *Die Philosophie im Fortgang der Weltgeschichte*, P. IV. Bonn, 1834,
p. 1777-1795.

Roer, alors secrétaire de la Société asiatique du Bengale, en a donné une version anglaise dans le journal de cette société[1]. On possède la glose de Râma-Krishna-Tîrtha sur ce traité, imprimé à Calcutta en 1829; elle est intitulée : *Vidvan-mano-randjani*, « délectation du cœur du savant; » une autre glose, qui a le titre de *Subodhini* et qui a pour auteur Nrisinha-Sarasvatî, est encore inédite[2].

Beaucoup d'autres ouvrages, restés inédits, appartiennent à la phase moderne de l'histoire du Védânta : tels sont les *Bhâshyas* composés vers la fin du moyen âge et même dans des siècles fort rapprochés de nous. Les anciens *Sûtras* ont toujours été invoqués comme leur point de départ, dans les travaux des écoles qui prétendaient professer le véritable Védânta, malgré de profondes dissidences : on citerait par exemple le nouveau commentaire des *Brahma-Sûtras*, rédigé au xi° siècle par Râmânudja, fondateur d'une secte vischnouïte assez célèbre, les *Çrî-Vaishnavas*, ayant adopté en principe les opinions des Védantins. En raison du respect porté au texte des *sûtras*, on composa des résumés de la doctrine, par exemple le *Sankschépa-çârîrakâ*, paraphrase métrique de l'original et de la glose, laquelle réclame à son tour de nouveaux éclaircissements, et d'autre part des livres auxiliaires, tels qu'un glossaire des termes propres à l'école, *Védânta-paribhâscha*[3].

Les monuments littéraires attestent suffisamment la prépondérance que l'école védânta conservait sur les autres dans les derniers siècles du moyen âge. Le drame allégorique

---

[1] Tome XIV, p. 160 et suiv. Calcutta, 1845. — M. Benfey a réimprimé le texte sanscrit avec quelques notes dans sa *Chrestomathie* (Leipzig, 1854), p. 202-219, p. 312-313.

[2] Lassen, loc. cit. t. IV, p. 837-838.

[3] Voir dans le mémoire de Colebrooke la revue des sources de tout âge et de divers titres, *Miscellaneous Essays*, XI p. 327-337, et la traduction de M. Pauthier, p. 153-165. — Dans un curieux recueil sur la bibliographie des systèmes indiens, M. Fitz-Edward Hall attribue au seul Védânta 310 ouvrages sur le nombre des 748 qu'il décrit. (*A contribution, etc.* Calcutta, 1859, in-8°.)

composé vers le milieu du xi° siècle par Krishna Misra, sous
le titre de *Prabodhachandrodaya* (le lever de la lune de l'intelligence), suppose des spectateurs initiés aux disputes des
écoles; mais il met en relief la popularité du Védânta malgré la rivalité des sectes [1], et il en tire la réfutation des erreurs contraires aux dogmes de la révélation védique faisant
le fond de la religion brahmanique.

Quelques traits suffisent pour établir que la doctrine védânta des siècles modernes diffère sensiblement de la doctrine authentique de ce nom ayant reçu au viii° siècle des
formes bien arrêtées. Elle aboutit à la négation de toute cer-
titude [2], et donne les connaissances pratiques, les conceptions
de la vie vulgaire, uniquement comme des effets de la Mâyâ
ou de l'illusion [3]. N'importe si ce mot était d'un usage bien
plus ancien dans les doctrines indiennes, il a représenté sans
doute, dans l'école dont nous nous occupons, une notion toute
nouvelle; peut-être le prendrait-on pour une infiltration du
bouddhisme qui avait ainsi nommé la mère du Buddha Çâ-
kyamuni, avant d'en faire une idée abstraite; l'inanité de
toute connaissance, de toute représentation des choses [4].
Selon les Védântins, l'illusion dérive de la prédominance de
la qualité de l'âme qui lui dérobe la vue de la réalité: elle
se manifeste sous un double mode, soit comme faculté d'en-

---

[1] Voir l'opinion de Lassen, *Antiq. ind.* t. III, p. 789-790, et t. IV, p. 820,
et l'introduction à la traduction allemande du drame (*Die Geburt des Be-
griffes* u. s. w. Kœnigsberg, 1842, in-8°).

[2] Pas n'est besoin de faire observer que nous n'avons pas à faire ici la
critique du Védânta comme philosophie, et que nous n'avons rien à dire
des conséquences immorales que l'on a déjà signalées dans ce système éminemment idéaliste. Voir entre autres l'*Histoire générale de la philosophie* par
M. Victor Cousin, cours de 1828, publié de nouveau par l'auteur en 1864
(en un vol. in-8°, Paris, Didier).

[3] *Védânta Sâra*, éd. Calc. I, p. 21. — Trad. de Roer, *Journal of the Roy.
Asiat. Soc. of Bengal*, vol. XIV, p. 115 et suiv. — Cons. Lassen, *Antiq.
ind.* t. IV, p. 840-841.

[4] V. Banerdjea, *Hindu philosophy*, dialogue VIII, p. 306-314. — Sur
le rôle de Mâyâ, lire la vie du Buddha, d'après le *Lalita Vistara*, trad. du
tibétain par M. Ph. Ed. Foucaux (2° p. 1848).

veloppement ou d'obscurcissement, *âvarana-çakti*, soit comme
faculté d'hallucination, *vikschépa-çakti*. C'est sous l'empire
de ces deux espèces d'illusions, l'exaltation de la puissance,
le délire de la cupidité et du bonheur, ou bien des mouvements tout opposés, que l'esprit subit des entraînements contraires; il n'est délivré des erreurs provenant de ces deux
sources que par la connaissance de l'infini Brahma.

Enfin, à une date peu éloignée, le Védânta a prêté ses
formules, ses allégories et ses images à une philosophie tout
à fait rationaliste, analogue au déisme qui a régné dans la
philosophie européenne au siècle passé. Ram Mohun Roy a
marqué de son nom cette tentative de relier les spéculations
indiennes à la philosophie occidentale; il a formulé un déisme
abstrait qui ne tient plus compte des croyances séculaires de
sa nation. C'est là l'extrême limite jusqu'où s'avancent ceux
des penseurs hindous qui rejettent l'idolâtrie, mais qui re-
poussent le christianisme. Par contre, il est de nos jours plusieurs brahmanes qui ont donné à leur profession du mono-
théisme la base de la foi chrétienne, et ils se sont mis en
garde contre deux conséquences qui découlent, tantôt de la
négation de l'idée religieuse, tantôt des excès du sens mythologique, le matérialisme et le panthéisme.

C'est à la fin de ce chapitre qu'il convient de signaler la
propagation des doctrines de l'école védânta qui s'est faite
au nord et au midi de l'Inde, par la version de ses livres
dans les langues populaires cultivées en plus d'un genre littéraire [1]. Les idiomes dravidiens de souche non aryenne ont
servi presque tous à vulgariser les opinions des Védantins
parmi les populations brahmaniques du midi de la péninsule; en particulier le télinga ou télugu, le malayalam, et
surtout le tamoul. Les écrivains des contrées méridionales
se bornaient le plus souvent à traduire les originaux sanscrits suivant les ressources lexicographiques et le génie gram-
matical de leur idiome; quelquefois cependant ils ont ajouté à

---

[1] Voir par exemple la *Bibliotheca orientalis* du docteur J. Zenker, part. II,
p. 363 et suiv. p. 378 seq.

leur version des gloses qui en facilitassent l'intelligence dans l'enseignement. Nous dirons ci-après combien grande est la richesse du haut tamoul, c'est-à-dire de la langue littérale des Tamouls en ouvrages védantiques, en parlant d'un commentaire de l'*Atmabodha* que M. Graül a mis à profit dans sa traduction allemande du poëme philosophique de Çañkara. Nous ne pouvons qu'attirer l'attention du lecteur sur le phénomène d'une littérature scientifique née à une grande distance du berceau de la civilisation des Aryas, et fondée sur le travail d'intelligents traducteurs[1].

§ V.

DES MANUSCRITS ET DES ÉDITIONS DU TEXTE DE L'ATMABODHA ET DE SON COMMENTAIRE ANONYME. — OBJET DU PRÉSENT TRAVAIL.

Le poëme de Çañkara était encore inédit, il y a une vingtaine d'années, quand nous eûmes l'occasion d'en voir plusieurs manuscrits. Nous eûmes alors le dessein d'en publier le texte avec mention des principales variantes recueillies dans ces manuscrits, et d'imprimer en même temps le commentaire anonyme en sanscrit dont le texte est accompagné dans plusieurs d'entre eux. Ayant ajourné l'exécution de ce travail, nous ne sommes plus à même d'offrir au public la primeur d'une édition de l'*Atmabodha*; car il a été, dans l'intervalle, deux fois imprimé et une fois lithographié dans

---

[1] Dans le tome VII de la *Zeitschrift der deutschen morgenlændischen Gesellschaft* (1853, p. 558, 565 seq.), M. Graul a donné le catalogue des ouvrages philosophiques en tamoul (nos 93 à 110) qu'il avait acquis pour la maison de la mission évangélique luthérienne à Leipzig, dont il fut le directeur pendant vingt ans. C'est dans sa *Bibliotheca tamulica* qu'il en a fait connaître lui-même quelques-uns, comme nous le dirons plus loin. — M. Ch. Graul, qui a parcouru, de 1849 à 1853, une partie de l'Asie et surtout l'Inde, est décédé à Erlangen, le 10 mars 1864, âgé de quarante-neuf ans. Il a laissé une relation de ses voyages en Orient, imprimée à Leipzig en six volumes.

l'Inde. Il nous reste donc la tâche de donner quelque valeur à une nouvelle traduction française de ce traité, en y joignant une analyse suivie et substantielle qui résume la pensée de l'auteur et qui laisse apercevoir l'opinion de ses interprètes indiens.

Sans mettre le texte sanscrit sous les yeux du lecteur, nous croyons devoir lui rendre compte de notre travail, en notant quelques variantes recueillies dans les manuscrits que nous avons naguère consultés et dans les éditions que nous avons examinées avec soin; on verra ainsi quelle base nous avons donnée à cette version de l'*Atmabodha*, entreprise dans le dessein de mettre en lumière la glose sanscrite plus que ne l'ont fait d'autres traducteurs.

Nous indiquerons, dans les notes de notre version du texte, les cinq manuscrits suivants, dont nous avons copié le premier, et dont les autres nous ont fourni bon nombre de variantes :

1° Un manuscrit de l'*Atmabodha*, avec commentaire en caractères dévanagaris, que feu Charles Ochoa rapporta en 1844 de l'Inde, où il avait voyagé avec une mission du Gouvernement français[1], et qu'il voulut bien nous prêter en 1845. Ce manuscrit (lettre O) a passé avec d'autres livres indiens à la Bibliothèque impériale de Paris[2];

2° Un manuscrit de la collection Chambers, formant aujourd'hui le n° 617 du fonds sanscrit de la bibliothèque royale de Berlin. Ce manuscrit (lettre W) a été décrit, ainsi que le suivant, par M. le professeur Albert Weber dans son Catalogue[3], et c'est à lui-même que nous fûmes redevable naguère d'une copie comprenant la glose sanscrite;

[1] Espagnol d'origine, ce jeune orientaliste avait montré sa prédilection un peu enthousiaste pour les écrivains mystiques de l'Inde et de la Perse. Mort à Paris en juin 1846, il n'eut le temps d'achever aucun mémoire sur l'objet de ses lectures et de ses voyages.

[2] M. Eugène Burnouf en a dressé le catalogue dans le *Journal asiatique* de Paris, janvier 1848, t. XI, p. 66-81.

[3] *Verzeichniss der sanskrit Handschriften*, p. 179. — Ère Samvat 1772 = A. D. 1716.

3° Un manuscrit de la susdite collection, n° 618, dont le même savant eut également l'obligeance de nous communiquer les variantes (lettre A). Le poëme, sans commentaire, est la sixième pièce d'un recueil d'écrits védantiques mis indistinctement sous le nom de Çankara [1];

4° Un manuscrit du fonds Taylor, n° 2011, de la bibliothèque de l'*East-India-House* (lettre T);

5° Un manuscrit du legs Colebrooke, n° 1597, de la même bibliothèque (lettre C).

Nous avons fait à Londres, en 1845, la collation de ces deux manuscrits, sur la recommandation et grâce à la complaisance de l'illustre indianiste feu H. H. Wilson, bibliothécaire de l'honorable Compagnie des Indes. On sait que la bibliothèque et le musée ont passé, il y a quelques années, sous la direction du ministère de l'Inde.

Le même commentaire anonyme existe dans quatre manuscrits (O. W. T. C.), et dans deux des éditions que nous allons énumérer; c'est une glose explicative, *ṭîkâ*, *vyâkhyâ*, qui suit, stance par stance, le texte du poëme, sans longs développements philosophiques ni digressions grammaticales.

Voici maintenant les éditions du texte dont nous avons fait usage et que nous avons maintes fois citées :

1° Le texte de l'*Atmabodha*, imprimé sans commentaire, par le docteur John Hæberlin, en 1847, dans son Anthologie de petits poëmes sanscrits [2]; nous indiquerons par la seule syllabe initiale *Anth.* ce recueil estimé, dont l'éditeur, missionnaire allemand, est mort dans l'Inde peu de temps après sa publication;

2° L'*Atmabodha* imprimé en 1852 avec le commentaire sanscrit anonyme, par M. Fitz-Edward Hall, dans le même volume qu'un autre traité de la même école, le *Tattva-bodha*. Nous citerons par la lettre H cette édition, qui n'a pas été

---

[1] *Loc. cit.* p. 179-181. — Ère Samvat 1704 = A. D. 1648.
[2] KÂVYA-SANGRAHA. *A sanscrit Anthology, being a collection of the best smaller poems in the sanscrit language.* Calcutta, 1847, 1 vol. in-8°, p. 489-495.

mise dans le commerce, et que nous tenons de la bienveil-
lance de M. Hall lui-même, aujourd'hui bibliothécaire du
ministère de l'Inde à Londres[1];

3° Le texte de l'*Atmabodha* transcrit en lettres latines, par
le docteur Charles Graul, dans le premier volume de sa *Bibliotheca tamulica*[2], et accompagné de notes tirées d'un commentaire tamoul; nous en citerons les particularités (sous les
lettres initiales Gr.) et nous relèverons quelques explications
doctrinales que le savant allemand a traduites à dessein du
texte tamoul, et que nous avons jugées dignes d'attention
après les éclaircissements fournis par le commentaire sanscrit;

4° Le texte lithographié de l'*Atmabodha* avec son commentaire sanscrit, dans un recueil de petits écrits védantiques publié à Bombay en 1859[3], format in-8° oblong.
Nous avons lieu de croire que ce texte vient du même original que le manuscrit Ochoa, que nous mentionnions plus

[1] *The* ATMA-BODHA, with its commentary; also the *Tattwa-bodha* : being
two treatises of indian pantheism. — Mirzapore, 1852, in-8° (caractères dévanagaris.) Le premier de ces traités avec sa glose occupe vingt-neuf pages
de ce petit volume.

[2] Tome I, contenant trois écrits servant à l'interprétation du système védânta, et traduits en allemand par l'éditeur (Leipzig, 1854, in-8°). L'*Atmabodha* est publié en transcription; mais les extraits de la glose qui suivent
chaque stance sont traduits du tamoul en allemand (p. 175-185). Le texte
sanscrit provient d'un manuscrit en lettres télugus. Le même volume contient la version du tamoul en allemand, du poëme védantique *Kaivalyana-
vanita* (die frische Butter der Seligkeit), et de quinze chapitres de controverses, en prose, *Pancha daça prakarana,* sous la forme d'un dialogue entre
un védantin et un logicien. Le poëme est imprimé en tamoul au tome II de
la *Bibliotheca tamulica* qui renferme en outre une esquisse de grammaire tamoule, rédigée en anglais. Ajoutons que M. Graul a dressé une liste des mots
techniques du Védânta, qu'il a expliqués en allemand et en anglais, pour
l'intelligence des documents philosophiques de son recueil.

[3] *Atmabodha-prakaranam satikam,* feuillets 6 à 21, deux fascicules de 36
feuillets, qui contiennent six autres opuscules. Nous désignerons par la lettre
D la lithographie de Bombay, en caractères dévanagaris. Nous ne connaissons
que par une simple mention dans la *Bibliotheca orientalis* du Dr Zenker,
part. II, p. 362, un *Atmabodha* rangé parmi les livres sanscrits et bengalis.
Calcutta, 1849, 41 pages.

haut comme acquis à Bombay avec les copies d'autres ouvrages indiens.

Le poëme de Çañkara renferme exactement dans presque tous les textes connus le nombre de soixante-huit çlokas ou distiques, et il n'offre aucune différence un peu importante sous le rapport ni de la suite des vers ni de leur contenu. On a de ce côté la pleine garantie que les axiomes et les sentences versifiés de l'*Atmabodha* ont été conservés scrupuleusement à l'aide de l'écriture et de la récitation. Le nom qui a servi à le définir n'est pas celui de *kâvya* « poëme, » mais celui de *prakarana*, « traité, discussion relative à une doctrine. » Quand il n'est pas nommé simplement *âtmabodha,* il est intitulé *âtmabodha-prakaranam*, comme on lit dans plusieurs manuscrits, soit dans un court avis en prose placé en tête du poëme, soit dans la formule finale[1].

Çañkara a conservé d'un bout à l'autre le même ton didactique; ses affirmations dogmatiques sont en général renfermées en une seule stance; quelquefois elles sont éclairées dans le second membre de la même stance par une comparaison prise dans les phénomènes de la nature indienne. Il est un seul passage où l'exposé doctrinal cesse pour faire place à une interpellation indirecte de l'Être suprême au disciple qui l'écoute[2] : c'est un discours de l'Esprit, s'affirmant lui-même comme Brahma, qui n'est pas sans analogie avec les révélations de Krichna énumérant tous ses modes de manifestation au milieu de ses entretiens avec Ardjouna, dans une des belles lectures de la *Bhagavad-Gîtâ*[3]. Nous n'avons pas un brillant morceau de poésie, mais un résumé habilement versifié des thèses importantes d'une école de métaphysique.

[1] Le mot est pris dans le sens de «section ou chapitre,» dans le ms. 618 de Berlin, où l'Atmabodha occupe la sixième place parmi d'autres traités : *samâptam cedam âtmabodham nâma shastham prakaranam.*

[2] *Atmabodha*, stances 30 à 36.

[3] Le XIe adhyâya, intitulé : *Vibhûti-yoga,* «doctrine des propriétés éminentes.»

La célébrité de l'*Atmabodha* comme œuvre de Çañkara a été affirmée par ceux qui l'ont expliqué et commenté en d'autres langues indiennes. Il nous a paru intéressant à cet égard de reproduire la préface du commentateur tamoul, traduite par Graul en tête de sa version allemande du poëme enrichie de nombreuses notes [1].

« Le vénérable Çañkara, le bienheureux, maître de la classe des mendiants *paramahañsas* (c'est-à-dire des Sannyâsis du quatrième et dernier degré), descendit dans ce pays d'Aryâvarta (l'Inde), approfondit les systèmes de toutes les sectes qui s'y trouvaient, et déduisit clairement de la comparaison de tous ces systèmes leurs mérites et leurs défauts. Ensuite il fonda le système de la non-dualité ; il admit pour auxiliaires les six sectes (écoles) principales, et il soutint que le système de la non-dualité (soit de l'identité absolue) se démontre comme la vraie réalité et demeure la plus haute vérité, quand on l'examine avec le secours de la révélation (*çruti*), de la déduction philosophique et de l'expérience interne. Pour faire comprendre son opinion aux habitants de ce pays, en tant qu'ils étaient partisans des six sectes, il composa des éclaircissements ou commentaires sur les *Sûtras* de Vyâsa (sic), sur les Oupanischads et sur la *Bhagavad-Gîtâ*.

« En outre il rédigea, dans la langue du Nord (le sanscrit), le livre intitulé *Atmabodha* (connaissance de l'Esprit), afin de rendre le système de la non-dualité clair pour les ignorants, incapables d'étudier eux-mêmes les susdits commentaires, comme on met le fruit du Nelli sur la paume de la main. Dans ce livre, il explique la nature de l'Esprit, les *Upâdhis* ou qualités du corps qui paraît, en vertu de l'erreur, différent de l'Esprit ; il définit ensuite les diverses méthodes de salut : le *çravana* (l'audition), le *manana* (la méditation) et le *nididhyâsana* (la contemplation). Enfin il explique la

---

[1] *Bibliotheca tamulica*, t. I, p. 175. Le titre sanscrit *âtma-bodha prakâçika* est transporté en tamoul avec l'orthographe suivante : *Atma potha pirakâsichei*.

vraie nature de la libération de l'âme pendant cette vie, la disposition mentale requise chez celui qui veut être libéré de son vivant (*djîvan-mukta*), ainsi que les signes distinctifs de la béatitude indépendante du corps : il démontre par cette voie que le but le plus élevé de l'Esprit, c'est la complète délivrance.

« Ce livre mérite donc d'être accueilli par tout le monde, et il est de la plus haute utilité. Mais, comme il est écrit en langue sanscrite, tous ne sont pas en état de le comprendre. C'est pourquoi Krishna Çâstri, fils de Nârâyana Çâstri, qui connaissait à fond la science de Brahma, a écrit en langue télugu un commentaire perpétuel sur les termes et le sens [1], et Ramanudja Kavirâdja, maître du tamoul classique et élève de Soma Sundara Déçika, a fait passer ce commentaire en langue tamoul. Ces deux auteurs ont livré en commun ledit ouvrage à la presse de la mission américaine à Madras. »

Le double commentaire est une œuvre de date récente, comme il ressort des derniers détails que donne la préface sur la personne des auteurs; mais il est constant qu'ils attestent la notoriété de l'*Atmabodha* comme thème d'études se rapportant à l'original sanscrit.

ATMABODHA,

OU DE LA CONNAISSANCE DE L'ESPRIT.

INVOCATION.

Cette stance, servant d'invocation, serait facilement at-

---

[1] L'*Atmabodha* est compris parmi les textes anciens publiés avec commentaire télugu par les presses indigènes, et mis en vente à Londres récemment par la maison Trübner.

tribuée à Çañkara lui-même, fervent sectateur de Çiva et de la grande déesse, épouse de ce dieu [1].

Je prends mon recours à *Çambhu*, dont la déesse *Umâ* est la lune, aux regards ayant l'éclat du lotus, au pied honoré par le dieu des cent sacrifices (Indra), celui dont la forme est inaccessible même à l'intelligence aux cent voies!

Le préambule du *Bhâshya* sanscrit résume fort bien l'intention de l'auteur en composant l'*Atmabodha* après les grands traités qu'il avait consacrés à la démonstration et à la défense du Védânta.

Après avoir mis au jour une triple classe de traités sur le Védânta pour les disciples les plus avancés, le bienheureux *ÇAÑKARA ÂCHÂRYA*, en faveur des gens peu instruits, incapables de les comprendre, publie avec le désir d'en parfaire la démonstration le présent traité, intitulé : *ATMABODHA*, ou « la Connaissance de l'Esprit, » — *Atmabodhâkhyam prakaraṇam,* — qui est un résumé des conclusions de tout le système védânta.

I.

Ce livre de la Connaissance de l'Esprit est composé à l'intention de ceux qui ont effacé leurs péchés par la pénitence, qui ont atteint la tranquillité par-

---

[1] D'autres manuscrits, il est vrai, substituent Râma et Sîtâ à Çiva et Parvatî (O.W. et l'édit. de Mirzapore).

faite, qui ont détruit leurs passions, et qui aspirent à la délivrance finale[1].

Commentaire. — Çañkara aurait voulu rappeler dans cette stance la recherche des quatre *sâdhanas* ou moyens de salut, en désignant ceux qui, les ayant mis en pratique, sont capables de comprendre l'instruction renfermée dans ce livre. Ce sont d'abord ceux qui ont détruit leurs péchés par des pénitences, ayant pour forme l'accomplissement d'actes périodiques, tels que le *Chândrayaṇa* (jeûne austère réglé suivant le cours de la lune), soit qu'ils aient cédé à la colère, soit qu'ils aient été coupables d'autres vices. Ce sont ensuite ceux qui sont restés calmes, aucunement ébranlés dans leurs espérances; puis les hommes sans passions, c'est-à-dire exempts du désir immodéré des biens de cette vie ou d'une autre; ce sont enfin ceux qui, aspirant à la libération, font d'incessants efforts pour rompre les liens de la transmigration : c'est à de tels hommes et non à d'autres qu'est destiné le traité de Çañkara, comme s'il leur était adressé en suite d'une nécessité.

2.

De tous les moyens, il n'en est qu'un seul, la connaissance (*bodha*), qui soit efficace pour l'obtention de la délivrance : comme sans feu il n'y a pas de cuisson, de même, sans la science (*djñâna*), on ne parvient pas à la libération finale.

Des moyens tels que la pénitence, la prière, les œuvres,

[1] Stance 1, b... *apékshyo'yam âtmabodho vidhîyaté.* — La forme du participe futur passif, *apékshya,* R. îᴋꜱʜ, est la leçon de la plupart des manuscrits, d'un sens plus net que la leçon *apéksho, apéksha* (mss. O. C. Anth.) : «A prendre en considération,» — zu beachten (*Sanskrit Wœrterbuch herausg.* von O. Boehtlingck und R. Roth. Saint-Pétersbourg, t. I, col. 311-312).

l'union (*yoga*) [1], effectuent respectivement par autant de degrés la libération conduisant à la voie de la science. Mais la science, de sa nature, seule capable d'anéantir les vaines distinctions naissant de l'ignorance, consacre en pleine possession de sa souveraineté quiconque aspire à la libération. Ainsi est affirmée l'excellence de la science par rapport aux autres moyens de salut. On dirait de même qu'il n'y a pas de cuisson sans feu, quand on aurait à sa disposition tous les autres moyens, le bois, l'eau, les ustensiles.

3.

Faute d'être en opposition avec elle, l'action ne saurait repousser l'ignorance; mais la science dissipe l'ignorance, comme la lumière dissipe l'épaisseur des ténèbres.

En l'absence d'opposition entre l'action et l'ignorance, — *karmaṇo' vidyâvirodhâbhâvât,* — l'une ne peut détruire l'autre; mais la science, par sa propriété de clarté, est capable de dissiper l'ignorance, de même qu'un amas de lumière dissipe l'obscurité.

Le terme que les Védantins emploient de préférence pour exprimer l'ignorance est celui d'*adjñâna* ou « non-science, » terme qui serait applicable uniquement à l'homme. Plus loin, stance 13, le poëte a employé aussi celui d'*avidyâ*, qui va plus loin, comme expression négative. Les Bouddhistes se sont servis du mot *avidyâ* comme nom de la douzième cause du mal; c'est pour eux l'illusion sans aucun fond, le reflet du néant. (Voir la note de M. Th. Goldstücker sur *avidyâ*, dans l'introduction d'Eugène Burnouf à l'*Histoire du Buddhisme indien*. Paris, 1844, p. 507.)

---

[1] Variante : *yâga* « le sacrifice. »

4.

Entravé en quelque sorte par l'ignorance[1], mais redevenant indépendant quand celle-ci est détruite, l'Esprit resplendit lui-même d'un grand éclat, comme le soleil au moment de la disparition des nuages.

Par rapport au corps, l'Esprit est conçu comme entravé ou enveloppé. Comment son indépendance peut-elle lui revenir ? C'est par absence de discernement que se produit l'enveloppement de l'Esprit, qui est simple en lui-même, indivisible ; cet enveloppement n'a pas d'autre raison que l'attache au multiple, suite de l'ignorance. Une fois que le non-discernement est éloigné, l'Esprit brille de nouveau dans son indépendance, de même que le soleil à la disparition des nuages qui lui font obstacle.

D'après le commentaire tamoul, M. Graul ajoute les réflexions suivantes : « Le soleil est séparé du nuage par d'énormes distances, et avec cela il est infiniment plus grand : cependant le nuage paraît l'envelopper ; mais ce n'est là qu'une apparence. Le *Vrĭtti-djñăna* (littér. « la science d'activité, » c'est-à-dire la connaissance incomplète réalisée par l'exercice des facultés intellectuelles), c'est la cause pour laquelle l'Esprit, partagé entre des corps nombreux, paraît comme multiple, et non pas comme simple (*advaita*). »

5.

Après que l'âme, troublée par l'ignorance, a été

[1] Nous avons préféré la leçon *parichhinna* « limité, restreint, enveloppé » (voir R. Cheid, *Sanskrit Wœrterbuch*, B. II, col. 1093), dans une acception philosophique, à la leçon *avachhinna* (W. C. Gr.) « séparé, détaché, » et à la leçon *avichhinna* (B.) « non séparé, non interrompu. »

purifiée par l'exercice de la science, la science elle-
même disparaît, de même que la graine du kataka [1]
[qui a purifié] l'eau [à laquelle on l'a mêlée].

Çañkara, qui a jusqu'ici parlé de l'Esprit, de l'Âtman,
l'être par excellence, l'âme universelle, identique à Brahma,
touche à une autre notion, celle de l'âme individuelle, du
principe vital tel qu'il se manifeste dans la série immuable
des êtres; ce principe, il l'appelle *djîva* « vie. » Nous nous ser-
virons, dans la version, du terme d'*âme*, qui le distinguera
suffisamment de l'*Âtman* ou de l'Esprit.

L'âme est troublée par le moi et par les autres sentiments
pouvant naître de l'ignorance; elle s'en enorgueillit par suite
de l'action, de la jouissance et d'autres états semblables.
Une fois qu'elle a détruit dans l'âme l'activité interne [2] que
l'ignorance avait produite, la science se détruit, s'anéantit
elle-même. S'étant réfléchie dans l'Esprit, la science devient
un avec lui; alors l'Esprit se manifeste comme un, simple,
sans dualité; de la même manière, la poussière du *kataka* [3],
ayant clarifié une eau trouble, disparaît elle-même sans lais-
ser de traces.

[1] *Kataka* est le nom d'un arbuste, le *Strychnos potutorum* de
Linné, dont les fruits sont employés en médecine, et servent,
d'autre part, à purifier une eau trouble; on frotte l'intérieur du vase
avec la poussière de ces fruits, et l'eau que l'on y verse ensuite est
dégagée de toute saleté. (*Sanskrit Wœrterb*. B. II, col. 38, où sont
cités les traités indiens de médecine.) En tamoul, la plante est appelée *Terramáram*, et sa semence *Terrânkottei*. (Graul, note, st. 5.) Le
Kétaka qui figure dans la version de Pauthier est le *Pandanus odora-
tissimus*. (*Sanskrit Wœrt*. B. II, col. 423.)

[2] *Antahkarana*, selon le commentateur tamoul, serait ici simplement une faculté mentale, comprise dans les cinq facultés de l'organe interne ainsi nommé (*manas, citta, buddhi, ahañkâra*). Voyez
Graul, explication des termes, *Bibl. tamul*. I, p. 197, et II, p. 167-
168.

[3] Les poëtes ont recouru plus d'une fois à la figure du kataka

6.

Semblable à l'image d'un rêve, le monde est constamment troublé par l'amour, par la haine et par d'autres passions; tant que dure (le rêve), il se manifeste comme réel; mais au réveil, il passe à la non-réalité [1].

C'est par l'exemple d'un rêve que l'auteur veut démontrer l'inanité (*mithyâtvam*) du monde, à la réalité duquel le vulgaire s'obstine à ajouter foi; la question est de savoir si les choses qui tombent sous nos sens sont réelles ou non. (*Nanv-aparokshatayânubhûyamânasya sañsârasya kathamatyantam-asatyam pratyaksha-viruddham ity âçañkya.* — Comm.)

Le monde est bouleversé par des passions opposées, l'amour et la haine, par exemple [2]; quoique sans réalité, à cause de l'ignorance de ce qui produit le rêve, il est cependant regardé comme existant. Au réveil seulement, la science

purifiant l'eau: par exemple, Kâlidâsa dans le *Malavikâgnimitra,* st. 26. (Voir la trad. allemande de ce drame par M. Alb. Weber, p. 27, et sa note, n° 26. Berlin, 1856.)

[1] Au lieu de *asatyavat* «tel que non réel,» leçon des éditions et des manuscrits, Graul a admis dans le texte un composé qui fournit le même sens: *satyasat* «destructif de la réalité, privé de réalité.»

[2] Le commentateur tamoul d'un traité sanscrit, *Saptaprakaraṇa* (en tamoul *Sattapiracharaṇam*) «les sept chapitres,» porte à treize le nombre des passions contraires: 1° *Râga* «l'amour passionné, la passion charnelle;» 2° *Dvésha* «la haine;» 3° *Kama* «l'amour, le désir;» 4° *Krodha* «la colère;» 5° *Lobha* «la cupidité;» 6° *Moha* «le délire de la passion;» 7° *Matha* «l'arrogance;» 8° *Matsara* «l'envie;» 9° *Irshâ* «la malignité;» 10° *Asûyâ* «le mépris ou dénigrement;» 11° *Dambha* «la vanité et l'ambition;» 12° *Darpa* «l'orgueil et la fierté;» 13° *Ahañkâra* «l'égoïsme.» (Voir Graul, note sur la st. 6, p. 178, et le Catalogue des manuscrits tamouls, *Zeits. der morgenl. Gesells.* B. VII, p. 665.)

s'étant produite par l'audition des paroles des Écritures sacrées, le monde paraît comme n'existant pas. Le sommeil et la veille figurent les deux états de l'être intelligent qui a cru le monde réel, mais qui en découvre ensuite la non-réalité.

7.

Le monde apparaît comme réel, de même que l'écaille de l'huître [semble être] de l'argent; aussi longtemps que Brahma n'est pas connu, lui qui est au-dessus de toute chose, indivisible.

La comparaison porte sur l'illusion que produit la perle d'huître; aussi longtemps qu'on n'a pas distingué le dessus noirâtre de l'écaille et la figure triangulaire de l'huître, on a la perception de l'argent comme d'une chose réelle. Or, tant qu'on ne perçoit pas directement Brahma, dominateur de tout, l'Être, l'Intelligent, le Bienheureux, l'Un [1], aussi longtemps le monde, soumis à un continuel changement de formes, est perçu par erreur comme réel.

8.

Toutes les variétés des êtres sont comprises dans l'Être véritable et intelligent, se reliant à tout [2], éter-

[1] *Sac-cid-ânandâdvayam* : littér. « existant, pensant, bienheureux, sans dualité; » ce sont les premiers mots du *Védânta-Sâra*.

[2] Nous traduisons comme locatif singulier *anusyûté*, sur l'autorité de la plupart des manuscrits et du *bhâshya* anonyme : c'est le participe de la R. siv, *suere* « coudre, » dans l'acception de « relié ou cousu de proche en proche à tout » (*sarvânusyûté*). Si l'on substitue à ce locatif, avec Graul, la forme du féminin pluriel *anusyûtâ* (*anusyûtâḥ — vyaktayaḥ*), on traduira : « Les variétés dépendant de l'Être véritable et intelligent, » attachées à lui comme des grains à un fil, ainsi que l'a entendu M. Pauthier après Taylor.

nel, pénétrant tout[1], comme les différents objets de
parure le sont dans l'or.

L'auteur veut parler de l'ensemble des choses visibles,
tel que l'on se le figure par illusion parmi les hommes, et
comme il est formé par la Mâyâ en Brahma (*Sarvam dṛĭçyam
prapañcha-djâtam brahmaṇy-éva mâyayâ kalpitam-iti pratipâ-
dayati.*) — Comm.

Les diverses catégories d'êtres, parmi lesquelles les dieux,
les reptiles, les hommes, les choses immobiles·et mobiles,
sont comprises dans l'Être réel, intelligent, éternel, lié
(cousu) à tout, éternel, pénétrant tout, de même que les
bracelets, les diadèmes et d'autres ornements sont renfermés
dans la matière d'or.

Avant la stance 8, le manuscrit de Berlin 618 (A.) et le
texte de Graul insèrent, sous ce n° 8, un distique que nous
n'avons pas retrouvé ailleurs :

Upâdâné khilâdhâré djaganti parameçvaré |
Sargasthitilayân yânti budbudâ iva vâriṇi ‖

C'est dans le Maître suprême, fondement, soutien de tout, que
les mondes arrivent à la naissance, à la durée, à la dissolution, de
la même manière que les bulles se forment dans l'eau.

9.

Comme l'air, le directeur des organes des sens,
le Maître, susceptible de divers attributs[2], apparaît

---

[1] *Vishṇâu* (locat.) — *Vishṇu,* dans le sens philosophique, c'est
Brahma se répandant au loin, pénétrant tous les êtres (*vyâpuka*).

[2] *Nanopâdhi-gato vibhuḥ.* — Par le terme d'*Upâdhi,* l'école védânta entend certains attributs naturels qui servent d'enveloppe à
l'Esprit et lui prêtent une sorte de déguisement. (Wilson, *A Sanscrit
Dictionary,* 2ᵈ edit. s. v. p. 160; *Sanskrit Wœrterbuch,* B. I, col. 987,

[comme] distinct en raison de leurs distinctions; mais quand ces attributs sont détruits, il redevient véritablement un [1].

Le Maître suprême, répandu partout, qui met en action ou qui retient le *Manas* et les organes des sens, quand il se réfléchit dans les différents attributs produits par sa Mâyâ, apparaît comme distinct; mais lorsque ces attributs, le corps et les autres qu'a produits la Mâyâ [2], viennent à être détruits par la connaissance de l'unité de l'Esprit ou de Brahma, il se manifeste comme un, comme indépendant et indivisible.

Ainsi en est-il de l'air (*âkâça*) : il paraît multiple par les modifications qu'il subit, par exemple par les vases et les maisons qu'il renferme; mais il redevient un du moment où ces modifications disparaissent.

Graul a rendu le mot *upâdhi* au singulier et au pluriel par l'allemand *Modalitäten,* et il a conservé le même terme dans les distiques suivants, 11-13, où il s'agit de l'attribut grossier, de l'attribut subtil, de l'attribut causal.

10.

En vertu de ces divers attributs, des espèces, des noms et des états différents sont rapportés à l'Esprit,

Bestimmung, Bedingung.) *Upâdhi* signifie donc « attribut propre, propriété déterminante. »

[1] Nous avons traduit ainsi la leçon : *tan-nâçâd-êkavad-bhavét* (mss. W. A. O. Anth. et H.). D'après une autre leçon (mss. T. C. edd. B et Gr.) : *tan-nâçé kévalo bhavét,* on dirait de l'Esprit qu'il redevient « indépendant, indivisible. »

[2] Cette notion de l'illusion, sous le nom de *Mâyâ,* s'étant introduite assez tard, présume-t-on, dans le langage de l'école, on plaçait assez longtemps après Çañkara le commentateur qui s'en est servi pour interpréter plusieurs passages du poëme.

de même que des goûts différents et des couleurs différentes sont attribués à l'eau.

L'auteur veut expliquer comment on se méprend sur la nature de l'Esprit qui est enveloppé de diverses manières dans son union avec des corps. Par la puissance des *Upâdhis* ou attributs susnommés, des conditions différentes d'existence, sous le rapport de l'espèce ou de la race (*djâti*), du nom, du rang (*âçrama*), sont placées en Brahma comme si elles lui étaient propres, et cela en vertu de l'illusion ou de la Mâyâ. Ainsi juge-t-on de l'eau : quoique étant sans saveur, ni couleur distincte par sa nature, elle se trouve douée de qualités diverses, piquante, amère, douce, acide sous le rapport du goût; rouge ou jaune, sous celui de la couleur. C'est ainsi que l'eau devient multiforme, tandis qu'en elle-même elle est une.

11.

Le corps formé de la réunion des éléments, au nombre de cinq, produit par l'effet de l'action [1], est dit le siége de la perception des plaisirs et des peines.

Dans cette stance, l'auteur a voulu définir l'attribut grossier, *sthûla,* qui est au nombre des trois *upâdhis* ou attributs engendrés par l'ignorance de la nature propre de l'Esprit.

Chacun des cinq éléments, air, vent, feu, eau, terre, étant partagé en deux, chaque moitié étant de nouveau divisée en quatre, il se fait entre ces subdivisions des unions particulières qui expliquent les phénomènes de la vie organique et leur rapport avec le développement des facultés

---

[1] *Karma-sañchitam.* — La leçon *sañchatim,* dans l'Anthologie de Hæberlin, est tout à fait défectueuse. — Il est ici question implicitement de la conséquence des œuvres accomplies dans une vie antérieure.

mentales. La combinaison qui provient de ce partage par
cinq (*pañcîkaraṇa*) est d'une subtilité remarquable, comme
on peut le voir dans le tableau qu'a dressé le Dr Graul pour
représenter l'action réciproque des produits de chaque élé-
ment[1].

Le *Bhâshya* finit dans les termes suivants : « Assemblage
des grands éléments, la terre et les autres, partagés chacun
en cinq, résultant d'actions antérieures ; le corps grossier
(*sthûla-çarîra*) est la demeure des sensations de plaisir et de
peine, le siége des jouissances pour l'Esprit universel, *pra-
tyag-âtmanaḥ*[2]. »

Ce dernier génitif a-t-il rapport à la part que les êtres intelligents attribuent à l'Esprit dans les sensations et les im-
pressions dont ils ont conscience ?

12.

Le corps subtil, qui n'est pas issu des cinq éléments (grossiers), mais qui est uni avec les cinq
souffles (de vie), avec le *manas*, avec l'intelligence
et les dix organes, est l'instrument de la perception
sensible.

A la notion d'un second attribut, *upâdhi*, dit subtil, correspond celle du corps subtil, que le texte appelle *sûksh-
mâñgam*. Voici de quels éléments il est composé : les cinq
souffles (*prâṇâs*), qui sont les cinq manifestations ou opérations du grand souffle (*mahâprâṇa*) ; le *manas*, qui est la faculté intérieure de compréhension ; la *buddhi*, qui est l'intellect, avec la faculté essentielle de discernement ; enfin les

---

[1] *Biblioth. tamul.* I, notes sur l'*Atmabodha*, p. 179-181.
[2] Cette qualification de l'Esprit suprême signifie littéralement :
« en arrière, venant après tout. » (Voir Benfey, *Glossar.* p. 203 ;
Windischmann, *Sancara*, p. 100.)

dix sens, entre lesquels on distingue les sens de connaissance (*djñânéndriya*) et les sens d'action (*karméndriya*)[1].

Composé des éléments susdits, le corps subtil, *sûkshma-
çarîra*, dit aussi *liñga çarira*, est l'instrument de la perception des sensations opposées de plaisir et de peine, dont le
siége seulement est dans le corps grossier. Le corps subtil
serait appelé aussi le *principe sensitif*, le principe et le signe
de la vie dans les êtres animés. Le Dr Graul a fait la paraphrase de l'expression sanscrite dans les termes suivants :
Die fein materielle Körperform, « la forme de corps d'une matière plutôt déliée et subtile. »

13.

L'ignorance, sans commencement (*anâdyavidyâ*),
indéfinissable, est appelée *l'attribut causal* : mais ce
qui diffère essentiellement de cette triplicité d'attributs, qu'on le reconnaisse pour l'Esprit (*âtmânam-
avadhârayét*) !

Le troisième attribut, c'est l'attribut de cause (*kâraṇopa-
dhi*), qui n'est autre que l'ignorance à laquelle on ne peut
appliquer les notions d'être ou de non-être; il est ainsi
nommé, parce qu'il est la raison des oppositions entre les
deux attributs grossier et subtil, et la cause de l'un et de
l'autre; au delà de ces trois *upâdhis*, que l'on cherche ce
qui leur est étranger (*upâdhi-tritayâd anyam*), et l'on découvre
l'Être ou Brahma.

Graul (p. 181) a cru devoir traduire le mot sanscrit *avidyâ*,
« ignorance, non-science, » par le mot allemand *Unbewusst-
heit* « état de non-conscience : » c'est une interprétation qui

---

[1] Les organes de la connaissance sont : le tact, l'ouïe, la vue, le
goût et l'odorat; les organes de l'action sont : l'appareil de la voix,
les instruments du toucher et de la marche (mains et pieds), les
organes excrétoires et les organes de la génération.

dépasse le sens propre du mot indien, mais qu'il serait aisé de justifier. Le commentaire tamoul a substitué *Mâyâ* au mot *avidyâ*, et a déclaré indéfinissable le premier nom, parce qu'il n'exprime ni l'être, ni le non-être (*sat — asat.*) (Voir sur ces mots la note de M. Goldstücker, citée plus haut dans le commentaire sur la stance 3.)

14.

En union avec les cinq *koças* ou « enveloppes, » le pur Esprit (*çuddhâtmâ*) subsiste comme [s'il avait assumé] la nature de l'une ou de l'autre, absolument de même que le cristal reflète la couleur bleue ou autre des diverses étoffes [que l'on en approche].

L'Esprit, qui reste toujours le même, semble revêtir la nature de tel ou tel objet, suivant l'enveloppe sous laquelle il apparaît. Il y a cinq places ou régions qui sont dites à cet égard les *koças*, enveloppes ou fourreaux de l'*Âtman*. En suite de son union avec ces *koças*, par une vaine identification avec eux, l'Esprit, toujours pur, apparaît comme s'il participait à leur nature; mais au fond il ne leur est pas subordonné.

Or l'école védânta a distingué cinq *koças* ou régions où s'accomplissent les opérations de la vie organique et de la vie intellectuelle [1]. Elle en a donné dans plus d'un traité des définitions qui servent à éclaircir la courte glose de cette stance [2]. Le premier des *koças* est appelé *annamaya*, comme région de la nutrition; le second, *prânamaya*, comme région

---

[1] Mémoire de Colebrooke sur le Védânta, *Misc. Essays*, vol. I, p. 372-373; trad. de Pauthier, p. 200-201; *Sanskrit Wœrterbuch*, B. II, col. 452, s. v. où sont cités les passages des livres de l'école.

[2] Voir le *Védânta-Sâra*, traduit par Windischmann, l. c. p. 1780 seq. et le *Pañchadaçaprakarana*, traduit du tamoul par Graul (VI, chap. III; *Biblioth. tamul.* I, p. 159 et suiv.).

de la vie ou du souffle vital; le troisième, *manomaya*, comme
région de la conception mentale; le quatrième, *vidjñânamaya*,
comme région de la connaissance supérieure; le cinquième,
ânandamaya, comme région de la joie ou de l'extase. Le premier *koça* tient du premier attribut, le corps grossier; les
trois suivants, du second attribut, le corps subtil; le cinquième, de l'attribut causal, *kâranopâdhi*. Ainsi place-t-on
entre les fonctions inférieures de la nutrition et l'exercice des
facultés intuitives la hiérarchie des phénomènes psycho-
logiques que les Védantins ont expliqués par l'union de deux
éléments distincts: le souffle vital ou la respiration nécessaire
à tout être animé, la perception à laquelle concourt la *manas*
ou sens intérieur, la conception scientifique qui est opérée
par la *Buddhi* ou l'Intellect; les sens d'action participent au
premier de ces phénomènes, les sens de connaissance aux
deux autres.

L'Esprit n'adhère qu'en apparence, mais non en réalité,
aux enveloppes sous lesquelles on croit le découvrir. Ainsi le
cristal transparent montre-t-il toute espèce de reflets par son
contact avec des objets d'une couleur bleue ou jaune; mais,
en réalité, il n'en prend aucun; le morceau de cristal, à travers lequel les couleurs se reflètent, n'est ni imprégné, ni
souillé par elles.

15.

Que l'on parvienne, par le battage de la spéculation, à dégager l'Esprit suprême[1], pur, des enveloppes auxquelles il est uni, celle du corps et les
autres, de même que l'on sépare le grain de riz de
sa cosse.

[1] *Âtmânam-antaram.* — Var. *ântaram* (C. Anth. B. H.). Au lieu de
traduire *interne*, on prendrait le mot dans l'acception d'universel,
répandu en tout, « The supreme soul. » (Colebrooke.) (Voir le Dictionnaire de Saint-Pétersbourg, s. v. t. I, p. 241.)

L'auteur recommande les efforts nécessaires à l'intelligence humaine pour discerner, suivant la philosophie, la
vraie nature de l'Esprit; dégagé de tout lien externe. Quelle
que soit l'explication de deux mots de cette stance[1], il n'y a
pas de doute sur la figure qu'elle emploie pour représenter
l'activité de la pensée qui dégage l'Esprit suprême de tout
ce qui lui est étranger, afin d'en reconnaître l'omniprésence
et aussi l'absolue indépendance; l'induction, *anumâna,*
est un des procédés qu'elle applique pour parvenir à cette
fin, pour discerner parfaitement ce qu'est l'Esprit séparé de
toute enveloppe et considéré en dehors de tout attribut.

La comparaison tirée de la cosse du riz ou de celle de
l'orge a été d'un emploi très-fréquent dans l'Inde, où la cul-
ture de ces plantes répond aux nécessités de la vie sous toutes
les zones; l'auteur d'un drame philosophique termine ainsi
la sentence qu'il avait mise dans la bouche d'un de ses personnages[2] : « Quel être raisonnable rejettera le riz aux grains
blancs et beaux, parce qu'ils sont enveloppés dans de petites
cosses? »

16.

L'Esprit (*âtman*), quoiqu'il pénètre continuellement en toutes choses, ne se manifeste pas en tous
lieux; il se manifeste dans l'intelligence (*buddhi*),

---

[1] Qu'on lise *yuktyâvaghâtataḥ* (*yuktyâ* instrum.), ou avec Graul
(p. 182) *yuktyavaghâtataḥ,* on obtient le même sens que ce savant a
rendu dans sa version par les mots : « Durch das Dreschen des philosophischen Studiums. » *Yukti,* « étude, application, » comporte
trois choses : l'audition, la méditation et la contemplation. (Voir ci-
dessus, § V, la préface du commentateur tamoul.) C'est précisément
au distique 15 que commence la partie du poëme relative au çravaṇa,
ou à l'audition des Écritures.

[2] *Prabodhachandrodaya,* st. 23, p. 29, ed. Hermann Brockhaus
(Bonnæ, 1835).

comme il y a réflexion de l'image sur une surface
unie.

La question est de savoir si l'Esprit, pénétrant tout, n'est
pas aperçu en tous lieux par tous. Or l'Esprit, bien que pénétrant en tout, n'est pas aperçu au moyen des choses insensibles, objet de la perception externe; il se manifeste non
pas en tous lieux, mais dans l'intelligence non troublée par
des passions, — *râgâdibhir-aviddhâyâm buddhâu,* — de même
que le reflet d'un corps est aperçu dans des objets polis, trans-
parents, tels que des miroirs, et non ailleurs.

17.

L'Esprit doit être distingué du corps, des organes
des sens, du sens intime (*manas*) et de l'intelligence
(*buddhi*), qui sont d'une nature propre; qu'on le
sache[1] contemplant sans cesse leurs opérations, de
même qu'un roi [veille sur ses ministres].

L'Esprit est distinct des diverses natures appartenant en
propre au corps, aux sens, au *manas,* à la *buddhi,* lesquelles
sont perceptibles comme insensibles et comme sujettes à des
transformations (*prakṛitibhyas djaṭapariṇâma-dṛïçébhyas*),
tandis qu'il existe pour la contemplation de leurs opérations,
de même qu'un roi, dans sa capitale, ses ministres étant
d'ailleurs en fonction, les regarde sans cesse lui-même pour
être témoin de leurs actes. Ainsi doit-on considérer l'Esprit
par rapport aux êtres corporels; il en est indépendant, mais
il les surveille.

18.

Tandis que les organes des sens sont en action,

---

[1] On lit *vindyât* pour *vidyât* dans le ms. W. et dans l'édit. lithog.
de Bombay.

l'Esprit paraît agissant aux seuls ignorants, comme la lune semble être en mouvement, tandis que les nuages courent [devant elle].

Que faut-il penser de l'action apparente de l'Esprit? Les organes des sens étant appliqués à leurs objets et entrés ainsi en action, l'Esprit est considéré comme agissant, par les êtres non raisonnables, ceux qui sont privés de l'enseignement des maîtres et des livres (*avivékinâm guru-çâstrâdy-upadéçarahitânâm*), mais non par ceux qui perçoivent la vérité (*na tu tattva-dṛiçâm*). De même que des masses de nuages courent par la force du vent, la lune elle-même semble courir pour ceux qui la regardent, et cependant elle ne court pas.

19.

Ayant leur recours à la force vivante de l'Esprit (*âtma-chaitanyam*), le corps, les organes des sens, le *manas* et la *buddhi* accomplissent leurs fonctions respectives, comme les hommes poursuivent leurs affaires [à la lumière du soleil[1]].

S'étant réfugiés dans l'intelligence de l'Esprit dont la nature propre est la perpétuelle science, le corps, les sens, le sens intime et l'intelligence, se mouvant dans leurs fonctions, s'appliquent à leurs objets (*svavishayéshu svavyâpâréshu vyavaharanti*, T. C. W. H.), de même que les hommes doués de vie, se fiant à la lumière du soleil, se livrent à leurs travaux.

Châitanya, c'est la haute science de l'Esprit qui est sa vie propre; le mot, dérivé de *chétana, chétanâ*, a les acceptions

---

[1] *Sûryâlokam.* (Var. O. et W. *sûryâloké.*) Ce distique 19 manque dans le texte transcrit par Graul.

d'« intelligence, conscience, âme [1] ; » mais il indique ici la vie suprême de l'Esprit.

20.

C'est par absence de discernement que l'on rapporte à l'Esprit pur, vivant et intelligent, les qualités ou les actes du corps et des organes des sens, comme on attribue la couleur bleue et d'autres propriétés au firmament [2].

L'auteur défend l'immuabilité de l'Esprit, malgré la diversité des états qu'il semble subir, en rapport avec la naissance, l'enfance, l'adolescence et tous les âges des êtres animés. Le souverain Esprit, existant, intelligent, sans souillure, subsiste dans son indépendance, dans son essence propre (*tádátmyéna* [3]); c'est vainement que l'on transporte, que l'on fait passer en lui les lois et les qualités, la bonté et les autres, qui appartiennent en propre au corps, aux sens, au *manas*, à la *buddhi*, ainsi que les actes, les opérations qui appartiennent aux sens d'action. Ces lois, ces qualités, ces opérations, ne sont pas plus inhérentes à l'Esprit que les couleurs à la voûte céleste.

21.

L'action et les autres facultés qui appartiennent à l'attribut du *manas* sont placées dans l'Esprit [uniquement] par ignorance, de même que l'on rap-

---

[1] Voir les passages des Traités védantiques, s. v. *Sanskrit Wœrterbuch*, B. II, col. 1057.

[2] Deuxième hémistiche, *adhyasyanty-avivékéna* — Ms. O. *adhyasyati*, ed. B. *adhyasyanté*, Anth. *adhyasyaté* (R. As, 4ᵉ cl. préfixe *adhi*).

[3] Voir le *Bálabodhaní*, st. 7.

porte l'agitation des flots à la lune se réfléchissant dans l'eau.

Il s'agit de savoir si les facultés d'action, de jouissance, et d'autres encore, seraient déniées à l'Esprit. L'activité, la jouissance, etc. lois inhérentes à l'attribut du *manas* (*mânaso ya upâdhis-tasyaiva kartṛitvâdayo dharmâs*) ne sont placées dans l'*Âtman* que par l'empire de l'ignorance. Ainsi tous les mouvements des ondes sont-ils erronément rapportés au disque de la lune se répercutant dans l'eau.

22.

La passion, le désir, le plaisir et la douleur, résident dans l'Intelligence, la *buddhi*, en tant que celle-ci existe réellement ; dans l'état de profond sommeil, alors qu'elle cesse d'être, ceux-là ne sont plus ; ils appartiennent donc à l'Intelligence, non à l'Esprit.

L'auteur, comme le *Bhâshya* l'a expressément constaté, a eu en vue la réfutation de l'école atomistique, qui regardait comme des lois, des qualités constitutives de l'Esprit (*âtma-dharmân manyanté*) les affections contraires : amour, désir, plaisir et peine : ce sont les *Vaiçéshikas* qu'il réfute (*tân-nirâkaroti*). Les affections susdites résident dans la *buddhi*, existant réellement (*buddhâu satyâm*) à l'état, soit de veille, soit de rêve ; mais en cas de profond sommeil (*sushuptâu*), la *buddhi* cessant d'exister, la cause n'étant plus, ces affections cessent aussi. C'est donc une loi constitutive de l'Intelligence, non de l'Esprit.

23.

Comme la clarté est éminemment propre au soleil, la fraîcheur à l'eau, la chaleur au feu, de même, en suite de sa nature, l'Esprit est essentiellement vie, intelligence, béatitude, éternité, pureté.

La nature propre de l'Esprit, *svabhâvaḥ*, son mode d'existence, sa forme, *svarûpam*, ou plutôt sa nature, est exprimée ici dans un composé finissant par le nom abstrait *nirmalatâ*, mais réunissant les noms philosophiques de l'Être suprême du Védânta : « Vivant par essence, intelligent, heureux, éternel et pur, » que la glose désigne par le terme de *pratyag-âtman*, « Esprit universel, » que nous avons eu l'occasion d'expliquer plus haut.

24.

La partie vivante et intelligente de l'Esprit (*âtman*), et l'activité de l'Intelligence (*buddhi*), sont choses distinctes; quand on les identifie par ignorance, on arrive à dire : « Je connais ! »

Il n'est pas possible de prendre à la lettre l'expression partie ou particule, *añçaḥ*, quand il s'agit de l'Esprit; mais on veut donner une idée de ce qui le représente à l'homme : *âtmâbhâsa* « l'éclat, le rayonnement, l'apparition ou plutôt l'apparence[1]. » L'Esprit universel n'a d'union avec quoi que ce soit; par ignorance, uniquement, on le confondrait avec l'Intelligence, qui a son activité propre, mais inférieure, et alors on céderait à la personnalité jusqu'à dire : « Je connais ! » — « Dans l'Esprit indépendant, universel, il n'y a aucun changement: telle est la pensée. »

Le commentaire tamoul a donné à cet endroit une explication qui n'est pas indigne d'attention après celle du *Bhâ-*

---

[1] Fr. Windischmann, *Sancara*, 94; *Védânta-Sâra*, Chrestom. de Benfey, p. 211, 215, 219; *Sanskrit Wœrterbuch*, s. v. *âbhâsa*, B. I, col. 665.

shya sanscrit[1]. « On objectera peut-être : si l'Esprit est complétement inactif, d'où vient que l'on ait coutume de dire :
« Je connais ? » Un rayon de soleil se rencontre-t-il avec un
miroir, il se produit du feu. De même l'ignorance se produit-
elle quand on confond l'Esprit avec l'Intelligence, et c'est
par suite de cette ignorance que l'on se sert de telles expres-
sions : « Je sais ! » Si l'Esprit est au contraire vraiment distingué de l'activité de l'Intelligence, il n'y a plus d'objets
existant hors de lui, et l'Esprit lui-même, se connaissant lui-
même, demeure ainsi sans activité. »

25.

Il n'y a point de changement pour l'Esprit; il n'y
a pas non plus de connaissance (*bodha*) pour l'Intelligence (la *buddhi*)[2] : l'âme (le *djîva*), connaissant
toutes choses à l'excès, est sujette à l'illusion jusqu'à
dire : « J'agis, je vois![3] »

Par sa nature, l'*âtman* est exempt de tout changement; la
buddhi n'a jamais d'appréhension de la connaissance, en
raison de son état d'inertie ou de stupidité (*buddhêḥ kadâcid-
api bodha-çañkhaiva nâsti djaḍatvât*); c'est donc à l'âme individuelle, en qui se réfléchit la personnalité, et qui croit
connaître toutes choses au plus haut degré (*atyartham*), qu'in-
combe l'égarement qui consiste à dire : « J'agis, je vois! »

Cette stance, que M. Pauthier (p. 270, note 3) avait ré-
putée très-obscure, a été l'objet d'une paraphrase insérée
par M. Graul dans la version allemande du texte. En lisant
dans le second hémistiche *sarva-malam*, il a traduit à la lettre :

---

[1] Graul, *loc. cit.* p. 184.

[2] *Na djâtv-iti.* Var. Graul, *na djâtv-api.*

[3] Nous lisons, avec la plupart des manuscrits, *kartâ drashṭéti*,
littér. « je suis acteur, je suis spectateur! » Var. W. A. et éd. B.
djñâtâ « connaisseur. »

« Le *djîva*, connaissant tout [comme étant] souillure, » etc.
c'est-à-dire ne connaissant rien que d'impur en ce qui lui
appartient, soit facultés intellectuelles, soit organes des sens;
mais il a élucidé dans une note (p. 184, 185) le sens qui
ressort d'une autre leçon du passage : *sarvam-alam* (adv.)
« beaucoup, outre mesure, » adopté par le commentateur tamoul. Voici la paraphrase qu'il en a tirée : « Suivant cette
pensée qu'il est l'agent, qu'il est le voyant, le *djîva* (l'esprit de vie individuelle) est aveuglé au plus haut degré,
prenant pour lui-même l'ensemble des facultés mentales et
des sens [1]. »

26.

S'il prend pour lui-même l'âme individuelle
(*djîva*) [2], comme on prend [par erreur] une corde
pour un serpent, [l'Esprit] contracte une grande
frayeur; mais dès qu'il vient à reconnaître : « Je ne
suis pas l'âme (*djîva*), mais le souverain Esprit (*pa-
râtmâ!*), » il est délivré de toute crainte.

D'après le *Bhâshya* [3], l'auteur parle ici des craintes que

[1] Afin de justifier cette paraphrase, M. Graul, sur l'autorité, il
est vrai, du glossateur tamoul, a rapporté l'adverbe *alam* au verbe
muhyati; mais c'est en forçant notablement le rapport des mots dans
la syntaxe sanscrite, comme on en jugerait par la lecture du second
hémistiche de la stance :

Djîvas-sarvam-alam djñâtvâ kartâ drashtéti muhyati.

[2] Suivant la leçon : *âtmânam djîvam djñâtvâ* (edd. Gr. et Hall.).
L'autre leçon, que donnent les manuscrits cités, ainsi que l'*Anthol.*
et l'édit. de Bombay, *âtmânam djîvo djñâtvâ,* modifierait la traduction dans un sens moins satisfaisant : « L'âme se connaissant elle-
même (comme l'Esprit), ainsi qu'on prend une corde pour un
serpent, etc. » Taylor n'a pas non plus donné un sens net à ce distique et à sa glose. (Trad. de Pauthier, p. 270-271.)

[3] Le commentateur tamoul entend également de l'Esprit le con-

l'Esprit lui-même pourrait éprouver, quand, dans un instant d'erreur, il lui arriverait de s'attribuer, d'usurper les lois qui ne lui appartiennent pas, des propriétés qui lui sont étrangères.

« De même que, dans l'obscurité, celui qui, ayant fait la fausse attribution (*adhyâropaṇam*[1]) d'un serpent à une corde immobile, ressentirait la peur avec saisissement, de même l'Esprit, transportant en lui-même le principe de vie (*djîvatvam âropya*), mais venant à reconnaître un second principe limité, se trouve plongé dans un grand océan de crainte et de douleur. »

L'auteur du *Bhâshya* poursuit cette étrange interprétation, en disant de l'Esprit : « Quand la science des *çâstras*, à la faveur des leçons d'un maître, vient à se former en lui, alors voyant de l'œil de la science qu'il est une seule et même chose avec l'Être indivisible, heureux, il redevient heureux, exempt de crainte et de douleur, sachant : « Je ne suis pas l'âme (*djîva*), mais le souverain Esprit ! »

27.

L'Esprit, à lui seul, fait apparaître les organes des sens, et, à leur tête, l'Intelligence, comme une lampe éclaire un vase et d'autres objets ; mais l'Esprit, qui est lui-même (*svâtmâ*), n'est pas éclairé par ces (choses) inertes.

Comment se fait-il que l'Esprit n'est ni aperçu, ni connu par les facultés intelligentes qui sont éminemment proches de lui ? Indépendant qu'il est (*kévala éva san*), l'Esprit illu-

tenu de cette stance, comme si tout à coup il s'appropriait une activité inférieure, convenant seulement aux forces intelligentes élémentaires, aux sens et à leurs organes. (Graul, *ibid.* p. 185.)

[1] Voir *Sanskrit Wœrt.* B. I, col. 160, avec citation de la même comparaison du serpent et de la corde dans le *Védânta-Sâra.*

mine la *buddhi*, le *manas*, l'*ahañkara*, et les autres facultés ;
mais il n'est pas illuminé par ces (choses) grossières.

Ainsi en est-il d'une lampe qui éclaire toute espèce d'objets, des vases et d'autres, mais qui n'est pas éclairée par ces
objets qu'elle a rendus visibles.

28.

L'Esprit, dont la condition d'être est la connaissance, ne désire pas la connaissance d'un autre, au
sujet de sa propre connaissance ; de même qu'une
lampe, brillant de son propre éclat, n'a pas besoin
d'une autre lampe [pour être aperçue].

On se demande, puisque l'Esprit n'est pas éclairé par les
facultés de l'Intelligence, etc. s'il n'a pas besoin d'une autre
science pour qu'il se connaisse lui-même. Mais, vu que sa nature est la connaissance même, et que sa propre connaissance est permanente, il ne doit attendre aucune autre
science pour se connaître lui-même (*tasyâtmano bodhâya djñâ-
nântarâpékshâ nâsti*) ; de même qu'en présence du rayonnement d'une lampe, on ne fait plus attention à la clarté d'une
autre lampe.

Suivant la réflexion de Taylor (Pauthier, p. 271, note 3),
cette stance glorifie l'Esprit comme ne relevant que de lui-
même ; sa propre connaissance ne dépend pas d'un autre
être percevant, comme il en est pour l'existence de la matière inanimée ; sans aucun secours étranger, l'Esprit dis-
cerne et comprend sa propre existence.

29.

Une fois qu'on a mis à part les *upâdhis* ou attributs, sans exception, en disant : « Cela n'est pas !
cela n'est pas ! » que l'on reconnaisse l'unité du sou-

verain Esprit et de l'âme (*djîvâtmaparamâtmanah*)
en vertu des grandes paroles.

Si l'Esprit ne peut être connu par la *buddhi* et les autres
facultés, il faut alléguer un autre moyen pour parvenir à sa
connaissance : ce moyen, quel est-il? Lorsque l'on a rejeté
tous les attributs des choses passagères en ces termes[1] : « Il
n'est pas! il n'est pas! » que l'on parvienne à discerner l'unité
(l'identité) de Brahma et de l'Esprit, *Brahmâtmaikyam*, dé-
signés l'un et l'autre par ces mots célèbres (*mahâvâkyais*)
de l'Écriture : « Tu es lui! cet Esprit est Brahma, je suis lui! »
(*Tat-tvam-asi | ayam-âtmâ Brahma tad-yo'ham*).

On découvre ici une des thèses fondamentales de l'école
védânta, l'affirmation de quelques dogmes philosophiques
sur l'autorité de la révélation des Védas. Le commentaire
sanscrit a interprété dans cette stance une des formules du
panthéisme, sans rendre compte du terme *djîva*, « l'âme, le
principe vital, » compris dans le long composé transcrit ci-
dessus; cependant *djîva*, dans ce poème et dans d'autres
écrits védantiques, a l'acception d'âme individuelle, réflexion de l'Esprit universel dans chaque individu (comme
on l'entendrait ci-dessus, stances 25 et 26).

Le commentaire tamoul est entré dans beaucoup de détails et de comparaisons, dont M. Graul a donné la substance
dans une longue note de sa version allemande[2] (stance 29,
p. 184).

30.

Tout ce qui tient au corps [doit être considéré]

[1] Ce qui revient à la négation du monde matériel et des êtres
individuels.

[2] On remarquera dans cette version le soin qu'a pris l'auteur de
conserver au mot *djîva* son sens conventionnel : « Erkenne man
wohl die Einheit des (individuellen) Lebens und des (allgemei-
nen) höchsten Geistes u. s. w. »

comme le produit de l'ignorance; il est visible, il est périssable comme des bulles d'air [à la surface des eaux]; mais, en ce qui n'a pas de tels signes distinctifs, qu'on reconnaisse l'Être pur, disant de lui-même : «Je suis Brahma!»

Le glossateur, revenant à la comparaison de la stance 26, établit ce raisonnement : « De même qu'on ne connaît pas bien une corde tant qu'on n'a pas discerné en toute assurance qu'elle n'est pas un serpent, ainsi ne parvient-on à connaître l'Esprit qu'à l'absence des qualités distinctives de ce qui ne l'est pas. »

L'Esprit sera dépourvu des signes distinctifs convenant au corps et aux êtres inférieurs; il sera pur de toute souillure et exempt d'attributs (*nirupâdhikam*). Il sera reconnu comme identique à Brahma, éternel, unique, vivant, intelligent, heureux.

Çañkara va faire parler l'Esprit lui-même sur les signes de sa supériorité dans les stances qui vont suivre.

31.

En suite de ma différence d'avec le corps, je n'éprouve ni naissance, ni vieillesse, ni décrépitude, ni extinction, et, dénué d'organes des sens, je n'ai point d'attache à leurs objets, tels que le son! — [Ainsi parle l'esprit].

Quand on est parvenu à connaître l'Esprit par l'intelligence des textes révélés, on arrive à la science spéculative de l'Esprit, qui va être résumée en cinq çlokas. La première étape sur la route du salut est le *çravana*, ou l'audition des Écritures; la seconde, c'est la méditation, *manana*[1], dans laquelle

[1] On renfermerait le *çravana* dans les stances 15 à 30, et le *manana* dans les stances 31 à 35.

on comprend le langage de l'Esprit, comme le poëte l'a ici voulu traduire.

En raison de sa différence d'avec la nature des corps grossiers, lourds et visibles, les divers accidents qui se produisent dans l'existence de ceux-ci n'atteignent aucunement l'Esprit. Sans aucun lien avec les organes des sens, l'Esprit n'a ni part ni attache aux jouissances que procurent les objets correspondant à ces organes, par exemple, le son pour l'ouïe.

32.

Privé que je suis du *manas*[1], je ne ressens pas la douleur, la passion, la haine, la crainte, ou d'autres affections : je suis, — ce qui est établi par le précepte de la révélation (la *çruti*), — sans souffle, sans *manas*, absolument pur.

33.

De (Brahma) sont nés le souffle de vie (*prâna*), le *manas*, tous les organes des sens, l'air, le vent, la lumière, l'eau, la terre nourricière de tout ce qui existe.

Ce çloka, que quelques manuscrits comprennent dans le texte de l'*Atmabodha* (O. W. T. C.), manque dans les éditions de Graul et de Hæberlin; il est cité dans la glose du distique 32 dans l'édition de M. Hall, et il figure sans commentaire dans l'édition lithographiée de Bombay. On peut douter qu'il appartienne au poëme de Çankara, dans lequel il aurait passé comme citation marginale.

[1] *Manas* a ici un autre sens que le sens philosophique de faculté mentale ou de puissance de conception; c'est le sentiment, dans une haute acception : *Gemüth*, comme Graul l'a traduit en cet endroit.

34.

Je suis sans qualité, sans activité, éternel, sans
volition, sans souillure, sans changement, sans
forme, libéré à jamais, parfaitement pur.

L'auteur du *Bhâshya* déclare que Çañkara a éclairci le
sens, sur l'autorité des anciens maîtres, dans ce çloka : *nir-*
guṇo, etc. et dans les deux suivants.

L'Esprit se dit lui-même sans qualités, distinct qu'il est
de la *buddhi* et des autres facultés résultant des attributs;
sans activité, exempt de travail et d'autres actes; éternel,
sans crainte d'extinction; sans volition en l'absence de toute
résolution ou détermination; sans mixture[1], faute de la
moindre attache à ce qui n'est pas lui; sans changement en
l'absence du mouvement propre aux corps dans l'espace;
sans forme, non susceptible de divisibilité; à jamais libéré,
exempt de tout lien; pur, aucunement exposé aux souillures
et aux fautes produites par l'ignorance.

35.

Je suis comme l'éther, pénétrant toutes choses au
dehors et au dedans[2]; je suis indéfectible, toujours
le même en tout, pur[3], impassible, immaculé, immuable.

L'Esprit poursuit les définitions qu'il donne de ses qualités éminentes, opposées à celles des êtres auxquels la raison

---

[1] *Nirañdjana*, terme védantique qu'on trouve par exemple dans
la *Bâlabodhanî*, st. 22. (*Sanskrit Wœrt.* B. IV, col. 172.)

[2] *Sarva bahirantargataḥ*. Qu'on lise *sarvam* au lieu de *sarva* (avec
Graul et l'éd. B.), le composé conserve le même sens.

[3] Graul a lu, au lieu de *çuddho*, *siddho* « parfait, achevé. »

du vulgaire voudrait le comparer. Il est présent partout, pénétrant tout ce qui est né visible, sans chute ni déchéance,
subsistant le même constamment en tous les objets, même
opposés de nature (*vishaméshv-api*), exempt de toute souillure, libre de tout attachement à des corps (*déhâdi-sañ-*
ga-rahitaḥ), pur de toute tache, telle que l'illusion (*mâyâmalâ-*
dirahitaḥ), immuable (*achala*), sans aucune atteinte à sa qualité d'être complet ou parfait (*pûrṇasyachalanâbhâvât*).

36.

Celui qui est éternel, pur, libre, un, entièrement
heureux, sans dualité, véritable existence, science,
infini, le suprême Brahma, je le suis.

Le *Bhâshya* n'a donné d'éclaircissements que sur un petit
nombre des qualificatifs que s'attribue l'Esprit dans cette
stance. Il n'explique pas *akhaṇḍânandam*, signifiant « félicité
sans partage; » mais il interprète *advayam* par les mots : *dvi-*
tîyâbhâvât, « sans second, sans égal. » Une formule, tirée des
livres de la Révélation védique, est employée en abrégé quand
l'Atman s'affirme comme Brahma : *yat param brahméti çru-*
tyâ pratipâdyaté tat param brahmaivâham-asmîti svarûpa-
tattvam kathitam.

37.

Une telle conception : « Je suis Brahma lui-même! »
incessamment entretenue, dissipe les hallucinations
naissant de l'ignorance, de la même manière qu'un
breuvage salutaire chasse les maladies.

L'auteur a complété ici ce qu'il avait dit, dans les stances
précédentes, du *manana* ou de la méditation, comme moyen
de connaître l'Esprit. Exercée longtemps et sans interrup-
tion de la manière susdite, en ce sens : « Je suis Brahma! »

la méditation détruit complétement les agitations de la pensée (*vikshépân*), les hallucinations produites par l'ignorance[1],
de même que le jus de plantes médicinales[2], administré un
temps assez long, anéantit entièrement les maladies.

38.

Assis dans un lieu désert, exempt de passion,
maître de ses sens, que l'homme se représente cet
Esprit un, infini, sans porter ailleurs sa pensée.

La méditation solitaire est un des moyens de succès dans
la recherche de Brahma; celui qui se soumettra à l'austère
discipline des anciens ascètes sera dans la meilleure condition pour contempler directement et sans trouble l'Être infini, unique, indivisible. Le philosophe n'aura plus d'autre
pensée, *ananyadhîh*, c'est-à-dire son intelligence aura une application constante au seul Brahma, mais à rien hors de lui.

39.

Considérant l'univers visible comme anéanti dans
l'Esprit, que l'homme pur d'intelligence contemple
continuellement l'Esprit un, comme il le ferait de
l'éther lumineux.

Au temps de la méditation, l'effort du contemplatif doit
tendre à détruire, pour les résoudre dans l'Esprit, tous les

---

[1] Dans une note sur cette stance (p. 187-188), M. Graul a placé
une digression curieuse sur le sens du mot *vikshépa* et d'un autre
mot du vocabulaire védantique, *âvarana*, qui correspond au premier.

[2] *Rasâyanam* a le sens de « potion prolongeant la vie, » *elixir vitæ;*
il est expliqué dans la glose par le seul mot *âushadham*, médicament
tiré d'herbages.

êtres sensibles qui composent l'univers; il n'y parviendra pas sans avoir purifié sa conscience et son intelligence (*dhiyâ sudhîḥ = suddhântaḥkaraṇaḥ san çuddhayâ dhiyâ*). — Il est dans cette stance une expression surtout remarquable : *pra-vilâpya* (causatif), « opérant l'entière destruction » par la puissance de la méditation (*prakarshêṇa nâsayitvâ*).

40.

Connaissant la plus haute essence, il rejette tout ce que l'on distingue par le nom, par la forme ou autrement[1], et il demeure fermement uni avec l'Être existant par soi, parfait, intelligent et heureux.

La glose donne au contemplatif, dont il est question dans cette stance et la précédente, la qualité de *muni,* « solitaire, pénitent, anachorète, » et explique *vid* (*vit*), dans le composé *paramârthavit,* par le mot *darçî,* « voyant clairement, ayant la vue de... »

41.

Il n'y a, dans le souverain Esprit[2], aucune distinction entre le percevant, la perception et l'objet perçu; en sa qualité d'Être un, intelligent et heureux, il brille de sa propre lumière.

Le commentateur se borne à opposer à la première thèse l'opinion du vulgaire : « Une telle distinction se manifeste, apparaît dans l'Esprit tel qu'il est conçu d'ordinaire, » *sa bhêdaḥ kalpitâtmany-êva bhâti.*

[1] *Nâma-rûpâdikam.* — Var. *rûpa-varṇâdikam.* (T. C. W. Anth. Gr.)
[2] D'après la leçon, *parê nâtmani.* — Var. *parâtmani na vidyatê.* (Anth.)

42.

Ainsi, lorsque s'est fait sans trêve le frottement de la méditation sur le bois de l'Esprit, la flamme qui en sort consume toute la matière combustible de l'ignorance.

Çañkara a défini la récompense acquise à celui qui a contemplé l'Esprit dans un état de détachement et de pureté; il a recours à une comparaison qui s'est présentée fréquemment à l'imagination des Hindous.

L'*Âtman* ou l'Esprit est assimilé à l'*arani*, bois dur destiné au frottement[1]; un second arani, le *manas*, s'applique au premier. Le frottement de ces deux bois étant fait continuellement par l'exercice de la méditation, la connaissance de la vraie science, qui en sort à la manière d'une flamme, détruit complétement le bois combustible de l'ignorance (*sarvâdjñânendhanam*), c'est-à-dire l'ignorance jusqu'à sa racine (*mûlâdjñâna*), avec tout ce qui en provient. Alors l'aspirant à la délivrance est confirmé dans sa royauté, et il se trouve avoir accompli son devoir.

43.

Lorsque les ténèbres antérieures ont été dissipées par la connaissance[2], semblable [à la lumière] de l'aurore, alors l'Esprit lui-même se manifeste d'une manière éclatante comme le soleil.

[1] Le feu jaillit du frottement de deux baguettes, l'une de dessous, *adhara*, l'autre de dessus, *uttara*. — (Voir le Dictionnaire de Saint-Pétersbourg, s. v. t. 1, col. 404.)

[2] D'après la leçon : *pûrvasmin tamasi hṛïté* (ms. W). La plupart des manuscrits et des éditions portent : *pûrvam santamasé hṛïté*. — N. B. Les distiques 42 et 43 manquent dans le manuscrit C.

L'obscurité autrefois accumulée par l'ignorance ayant été tout à fait dissipée par la science de l'unité supérieure du principe vital (*djîva*) et du suprême Esprit, le suprême Esprit (*paramâtmâ*) se manifeste lui-même ouvertement et pleinement au dehors.

44.

L'Esprit, toujours accessible, devient comme inaccessible par suite de l'ignorance; celle-ci étant dissipée, il brille comme vraiment accessible (*prâptavat*), de même que des joyaux au cou [d'une personne qui les a oubliés].

L'Esprit est, par sa nature, éloigné des sens; mais il n'est pas inaccessible. Or, parfait en tout lieu, un et heureux par lui-même, l'Esprit est continuellement accessible, et il ne cesse de l'être que par suite de méprise ou d'erreur (*bhrântyâ*), en raison du pouvoir de l'ignorance. Une fois qu'est détruite l'ignorance qui l'avait voilé, après l'audition des paroles sacrées, il redevient accessible, *prâpta*, compréhensible, saisissable pour l'homme.

45.

L'Esprit de vie [1] est attribué par erreur à l'Être suprême ou Brahma, comme on attribue la forme d'un homme par méprise à un poteau; une fois qu'on a vu la véritable nature de l'Esprit de vie, celui-ci lui-même disparaît.

[1] Le texte porte *djîvatâ*, nom abstrait, formé, de même que *djîvatvam* (*Bâlabodh.* st. 17), du substantif *djîva*, « le principe de vie, l'âme individuelle, » *Lebensseele* (Graul), « l'âme vivante, » comme l'a entendu Taylor (trad. de Pauthier, p. 273, infra). — *Sanskrit Wœrterbuch*, B. III, col. 114 et 116.

On ne peut confondre l'âme ou le *djîva* avec le grand Esprit; mais il ne faut pas s'inquiéter de distinguer en soi
l'âme, principe de vie individuelle, en se contentant de se
savoir identique à l'*Âtman*, à Brahma lui-même. L'auteur a
établi celte thèse à l'aide de la comparaison suivante :

Un poteau étant dressé dans l'obscurité, que l'on vienne
à se dire : « C'est un homme ! » on a peur par crainte des
voleurs. Par une méprise tout à fait semblable, la qualité du
djîva, de l'âme ou de l'Esprit de vie, est transportée dans
Brahma. Mais, grâce à l'enseignement des Çâstras, la forme
essentielle, l'existence particulière du *djîva* est bien discer-
née; l'ignorance antérieure étant reconnue, la notion même
du *djîva* disparaît, et il suffit à l'homme de savoir : « Je suis
Brahma ! »

46.

La science qui naît de la compréhension de l'Être
ayant de soi son existence en réalité, détruit complétement l'ignorance qui fait dire, « Je suis ! » ou
« Cela est à moi ! », de même que [la lumière du soleil dissipe] toute incertitude dans les régions du
ciel [1].

Anubhava, c'est la compréhension conforme à l'expérience,
troisième terme de la doctrine du salut; tandis que le premier, *çruti*, représente la tradition sacrée, et que le second,
yukti, répond au travail de l'esprit philosophique, ce troisième, dit *anubhava*, figure l'intelligence réfléchie d'une
haute vérité [2].

---

[1] *Digbhramâdivat.* — Var. W. B. *digbhramam-yathâ.* — La glose
explique l'ellipse dans ce passage par les mots : *bhânudarçanât*, « par
la vue du soleil. »

[2] Voir la note de Graul sur ce distique (n° 45 de sa transcription),
p. 190.

47.

Le Yoguî, possesseur d'un discernement parfait, contemple toutes choses comme subsistant[1] en lui-même[2], et ainsi, par l'œil de la science, il découvre que tout est l'Esprit un.

La vue de l'ensemble des choses visibles n'est acquise au sage que par la compréhension à laquelle il sait s'élever. Il s'est acquitté de son plus haut devoir quand il a vu que tout est l'Esprit unique.

48.

[Il sait que] tout ce monde mobile est l'Esprit, et que hors de l'Esprit il n'existe rien d'autre : comme diverses espèces de vases sont d'argile, ainsi voit-il que l'Esprit est toutes choses.

L'auteur veut dire comment le Yoguî voit sans distinction dans l'Esprit tout ce qui est aperçu dans le monde visible avec le caractère de la diversité. Tout ce monde est l'Esprit, en suite de sa production par l'Esprit; en fait, il n'existe rien d'autre que l'Esprit. Il en est ainsi des vases, des plats

[1] *Svâtmany-évâkhilam sthitam.* — Var. *évâkhilam djagat* (Anth. éd. Hall.), ce qu'on traduirait : « considère en lui-même le monde entier. »

[2] Le *Bhâshya* n'éclaircit pas suffisamment les mots *svâtmani.* On défendrait aisément le sens littéral, « en lui-même (*in se ipso*), » dans un système idéaliste tel que le Védânta; mais on entendrait également bien l'expression de l'*Âtman* : « dans l'Esprit ayant sa vie propre, étant de soi, » comme il y a lieu de le faire au distique suivant (*svâtmânam*).

et d'autres ustensiles qui sont faits d'argile ; en toutes les choses de ce genre, il n'y a rien qu'argile[1].

49.

Celui qui, délivré de son vivant (*djîvan-mukta*), connaît cela, rejette les qualités des attributs antérieurs : il devient[2] [Brahma] en raison de la nature essentielle de l'Être existant, intelligent et heureux, comme il en est de la chrysalide devenant une abeille.

L'état de *djîvan-mukti*, c'est la libération de l'être encore vivant (djîvat)[3]. Une fois instruit des vérités ci-dessus énoncées, le *djîvan-mukta* rejette les qualités, la bonté et les autres, relatives aux attributs (*upâdhis*) : corps, *manas*, intelligence, etc. conçus par ignorance. Il devient participant de la nature constitutive de Brahma, à la manière du petit insecte qui se change en abeille.

50.

Après avoir traversé l'Océan de l'illusion, après avoir détruit en lui les génies malfaisants de la pas-

[1] La comparaison indienne tend à prouver qu'il n'y a qu'une seule matière et que la différence entre les objets est dans la forme. L'argile est la cause matérielle ; les vases sont des œuvres façonnées : de même, dirait-on, Brahma est la cause matérielle du monde ; et il ne diffère que sous le rapport de la modalité du monde tiré et formé de lui. (V. Graul, note, p. 190.)

[2] *Saccidânanda-rûpatvâd-bhaved* (mss. O. C. et Hall.) — Autre leçon, *bhadjet*, R. *bhadj* (W. Anth.), ou *bhédjé* (Graul) « Il entre mieux avec, il participe à..... » — *Rûpatvât*. Var. *dharmatvât* (A. C. et Gr.), « loi, propriété constitutive. »

[3] Colebrooke, *Misc. Essays*, I, 369, 376. — *Sanskrit Wœrterbuch*, B. III, col. 119.

sion, de la haine et des autres vices, le Yoguî brille, intimement recueilli dans la tranquillité et trouvant sa joie dans l'Esprit.

Toute cette stance est une allégorie tirée de l'histoire épique et populaire de Râma. Sîtâ symbolise la *çânti* ou la tranquillité d'âme : la ville d'Ayodhyâ, « l'invincible, » où Râma règne glorieusement, symbolise l'Esprit inaccessible dans lequel le libéré de son vivant trouve une parfaite jouissance : allusions que les commentateurs indiens ont fait ressortir sans trop de subtilité.

L'illusion est comparée à l'Océan à cause de la difficulté d'en atteindre les rives. Après avoir traversé la mer de l'illusion sur l'esquif de la science, après avoir exterminé les Râkshasas, tels que des brigands s'opposant à la délivrance, c'est-à-dire, les passions violentes, la cupidité et la haine, etc. le Yoguî, pourvu de calme et de force, et mettant sa joie dans l'Âtman ou l'Esprit, brille d'un grand éclat comme s'il était sacré dans son royaume. « Ainsi le divin Râma, ayant traversé la mer, ayant battu Râvana et les autres Râkshasas, puis ayant trouvé du repos auprès de Sîtâ, brille, s'épanouit, se dilate dans sa ville d'Ayodhyâ. »

51.

Renonçant à tout attachement à un bonheur extérieur et changeant, satisfait du bonheur de l'Esprit, le sage brille continuellement d'une clarté intérieure [1], semblable à la lampe mise à l'abri sous un verre.

---

[1] *Dîpavat çaçvat* (*dîpavac-chaçvat*), in æternum, perpetuo. — Voir (O. B.) *svastha*, se tenant assis. — *Svaccha,* pur, transparent. (W. en note *nirmalah.*) — *Svacchad* (Anth.), se protégeant lui-même.

L'auteur oppose au bonheur qui proviendrait de l'aban-
don aux jouissances passagères que procurent les choses ex-
ternes et sensibles, le contentement qui a sa source dans la
contemplation de l'Âtman; il suffit au Yoguî d'avoir pleine
conscience de ce bonheur; il brille intérieurement sans être
connu par d'autres.

52.

Le Mouni, quoique soumis aux attributs [du
corps], mais semblable à l'éther, n'étant pas souillé
par leurs propriétés naturelles [1], doit, bien que sachant tout, se comporter comme un idiot et, détaché de toutes choses, passer comme le vent.

Subissant avec conscience les attributs de corporéité, le
Mouni n'est pas souillé par leurs propriétés (*tad-dharmais*);
il raisonne en ce sens : « Aucune souillure des actions ne
vient jusqu'à moi! » Quoique sachant tout, il se comporte
comme un insensé, comme un homme vulgaire (*prâkṛitavat*):
exempt d'attache pour les objets des sens qu'il pourrait atteindre à sa guise, il passe au milieu d'eux comme le vent.

53.

Du moment où les attributs sont détruits, le
Mouni entre immédiatement en celui qui pénètre
partout (*vishṇâu*), comme l'eau dans l'eau, l'air dans
l'air, le feu dans le feu.

La dissolution des *upâdhis* ou attributs étant consommée,
toute activité venant à cesser, le Yoguî entre incessamment,
comme il est, en *vishṇu*, c'est-à-dire dans le souverain
Brahma. Dans les trois stances suivantes, c'est Brahma dont

---

[1] *Alipto*. Gr. et Codd. — *Nirlipto*, Anth. et B. — *Na lipto*, H.

le poëte a voulu glorifier l'incommensurable grandeur sous le rapport de l'étendue, du lieu et du temps.

Il est question des attributs, *upâdhis*, dans cette stance et dans la précédente. On prendra le mot *upâdhi* dans les deux composés (*upâdhistha*, *upâdhivilayâd*) comme le nom collectif des trois *upâdhis* définis précédemment (st. 9-14). Graul a fait observer, en invoquant l'avis du commentaire tamoul (p. 191), que l'extinction finale des *upâdhis* doit s'entendre de l'attribut causal, aussi bien que de l'attribut grossier et de l'attribut subtil.

54.

La possession après laquelle il n'en est pas d'autre à souhaiter, la félicité au-dessus de laquelle il n'y a pas de plus grande félicité, la science au-dessus de laquelle il n'y a pas de plus haute science, — qu'on le sache, — c'est Brahma !

Comme le commentateur l'a reconnu, c'est par un signe affirmatif, « *taṭasthalakschaṇéna*[1], » que l'on peut parler de l'absolue perfection de Brahma. Les termes de « possession » (*lâbha*), de « bonheur » (*sukha*), de « science » (*djñâna*) n'ont donc ici qu'une valeur relative. Ainsi Çañkara a-t-il pu dire qu'il n'est pas de possession supérieure à celle de la présence et de la vue directe de Brahma (*sâkschâtkâra*), qu'il y a anéantissement des félicités secondaires en la félicité de Brahma, dont on jouit par la contemplation ; qu'il n'y a pas de science supérieure à celle que procure la présence de Brahma, assurant la libération finale.

55.

L'objet de la vision après laquelle il n'y a plus de

[1] Sur cette acception, voir le Dictionnaire de Saint-Pétersbourg, s. v. B. III, col. 162.

vision désirable, l'existence en l'union de laquelle
il n'y a plus de renaissance possible, la connaissance
au delà de laquelle on n'en veut plus d'autre, —
qu'on le sache, — c'est Brahma!

Après avoir vu Brahma, il n'y a plus rien d'autre à voir,
en raison de la parfaite connaissance que l'on atteint de l'essence de l'âme individuelle (*purushârthasiddhatvât*). Après
être entré en union avec Brahma, il n'y a plus d'existence
nouvelle, de seconde naissance; quand on a reconnu l'essence propre de Brahma, il n'y a plus rien d'autre à connaître : tout le reste est vaine érudition (*vrithâ pânditya m*).

56.

L'Être remplissant tout dans les régions intermédiaires, supérieures et inférieures, vivant, intelligent, heureux, sans dualité, infini, éternel et un,
— qu'on le sache, — c'est Brahma!

L'expression sanscrite pour désigner la région du milieu
est *tiryag*, c'est-à-dire, l'espace en travers.

Brahma est appelé ici *pûrnam*, rempli, complet, parfait
en soi, comme il a été nommé plus haut (st. 40) *paripûrna*;
aussi le représente-t-on s'étendant toujours, se répandant
partout.

57.

Ce qui est désigné, dans les livres du Védânta,
sous le mode d'existence rejetant tout ce qui n'est
pas Lui, l'impérissable [1], l'incessamment heureux,
l'un, — qu'on le sache, — c'est Brahma!

[1] *Lakshyaté vyayam (avyayam).* — Var. *advayam.* Ms. O. et Anth.
« sans dualité, indivisé. »

Brahma, veut dire l'auteur, d'après les écrits védantiques (*védântais*[1]), doit être connu par le mode d'existence repoussant ce qui n'est pas lui (*atadvyâvṛttirûpéṇa*), ou « par le rejet du non-lui » (*a-tad-nirasanéna*).

58.

Admis à une portion de bonheur appartenant en propre à l'Être incessamment heureux, Brahmâ et les autres dieux[2] deviennent à divers degrés partiellement heureux.

Brahmâ, Indra et les autres dieux n'ont qu'un bonheur restreint. Quant à Brahma, par suite de son existence comportant une joie incessante, il est réputé avoir en partage le bonheur sans mesure, sans limite. Recevant une parcelle du bonheur de celui qui est un océan de bonheur, Brahmâ, Indra et les autres dieux deviennent heureux à leur tour, mais par une dispensation proportionnée et ascendante des biens qui assurent la félicité ; les êtres en général recueillent une portion seulement du bonheur immense que Brahma possède sans partage.

Suivant une observation du commentateur tamoul (Graul, p. 192-193), Çankara a réfuté en cet endroit une objection de la foi populaire ainsi conçue : « Une félicité sans partage ni limites est attribuée à Brahmâ, à Vishṇu et à beaucoup d'autres dieux : les hommes qui prétendent arriver au bonheur de ces divinités n'ont qu'à accomplir l'*açvamédha* (le sacrifice du cheval) et d'autres grands sacrifices. »

---

[1] Prendrait-on ce pluriel *védântâs* dans le sens très-large d'écrits théologiques que le mot avait dans des temps de beaucoup antérieurs à Çañkara ? (Voir le chap. 1er de l'Introduction.)

[2] Brahmâ serait ici l'énergie créatrice de Brahma ; les autres dieux sont les divinités populaires du brahmanisme.

59.

Toutes choses se rattachent à Lui, toute activité dépend de Lui[1]; c'est pourquoi Brahma est répandu en tout, comme le beurre dans la masse du lait.

L'Esprit se manifeste par son attribut de suprême amour (*paraprémâspadatayâ*); plus les choses lui sont unies, plus elles ont de prix pour lui. La matière entière, qui n'est pas l'Esprit, est d'autant plus précieuse si elle lui est unie. La conduite même des hommes, étant de sa nature liée à l'Esprit, est plus précieuse encore. Donc Brahma, qui pénètre tout, est digne d'amour au plus haut degré; il est l'objet du plus vif désir pour l'âme, comme le beurre peut l'être parmi les choses qui tombent sous les sens.

Le commentaire tamoul a formulé ici une réponse à l'objection suivante : « Puisque c'est un fait évident qu'il existe une grande propension vers les choses sensibles, comment peut-on dire que l'Esprit soit à un haut degré un objet du désir humain? » Il y répond en pressant davantage la comparaison du poëte, et il demande si l'on ne peut faire de l'Esprit l'objet du désir dans l'ordre moral, comme le beurre en est un dans l'ordre sensible. Pour juger l'usage d'un tel exemple, il ne faut pas oublier que le beurre avait une importance capitale dans l'alimentation des Hindous, qui ne consommaient pas la chair des animaux, et que, dès les temps de la conquête, dans l'âge des Védas[2], il était une des matières essentielles des oblations aux divinités nationales. Un écrit védantique, en tamoul, publié et traduit par Graul,

---

[1] *Vyavahâras - tad - anvitah.* — Var. Gr. *vyavahâraç - cid-anvitah.* « Toute activité dépend de l'intelligent. »

[2] Voir le livre de M. Pictet sur les *Aryas primitifs,* t. II, 1862, p. 30 et suiv. et les hymnes du Rigvéda dans toutes les sections.

a pour titre[1], *Kaivalyanavanîta,* c'est-à-dire, « le beurre frais de la béatitude. »

60.

Ce qui n'est ni ténu, ni grossier, ni court, ni long[2], ni sujet à naître, ni périssable, ce qui est sans forme, sans qualités, sans couleur, sans nom, — qu'on le sache, — c'est Brahma !

Il n'est pas aisé de reconnaître l'Esprit pénétrant tout, vu l'impossibilité de le définir explicitement. Les termes qui sont ici employés sont des notes négatives, venant de la révélation ; on en induit que l'Esprit brille par la nature de son essence (*Ananvasthûlam-iti çrutéh sattârûpéna bhâti*).

61.

Celui par la splendeur de qui brillent le soleil et les astres[3], mais qui n'est point éclairé par leurs clartés, celui par qui toutes choses sont illuminées, — qu'on le sache, — celui-là, c'est Brahma !

Çañkara décrit de nouveau en trois çlokas le sens de la science de Brahma. On le reconnaît à ces signes : il illumine par sa splendeur les corps célestes, le soleil et les astres ;

---

[1] *Bibliotheca tamulica,* t. I, p. 3-90 (trad. allemande). *Ib.* t. II, p. 1-130 (trad. angl. en regard du texte). — Le traité a deux parties ; la première, en 108 stances, s'occupe de la « définition de la pure essence ; » la deuxième, en 185 stances, renferme les « éclaircissements des doutes. »

[2] *Ananv-asthûlam-ahrasvâm-adîrgham.* — Var. *ata évâsthûla-sûkshmam-adîrgham* (ms. T.) « ce qui n'est ni grossier, ni subtil, ni long. »

[3] *Bhâsyaté.* — Var. *bhâsaté* (C. et Gr.).

mais il n'en reçoit point de lumière. « En lui [1], devant lui, ne brillent ni le soleil, ni la lune et les étoiles, ni les éclairs. D'où vient cet Agni? Tout brille au reflet de son éclat; à ses splendeurs tout cet univers s'illumine ! » On reconnaît pour Brahma celui par qui ce monde appelé à l'existence et renfermant tous les êtres, les éléments et les génies, reçoit la lumière.

Voici le principal passage dont le style accuse l'origine antique : *Kuto 'yam-Agnis-tam-éva bhântam-anubhâti sarvam tasya bhâsâ sarvam-idam vibhâtîti-çrutéḥ.*

62.

Pénétrant partout de lui-même, au dedans et au dehors [2], illuminant l'univers entier, Brahma brille au loin, comme un globe de fer rendu incandescent par la flamme.

63.

Brahma n'a pas de ressemblance avec le monde; il n'existe rien d'autre en réalité que Brahma; si quelque chose se produit en dehors de lui, ce n'est qu'une vaine apparence, comme le mirage [3] [qui figure l'eau] dans le désert.

---

[1] Ce passage du *Bhâshya* est quelque citation du Véda, comme en a jugé Taylor (Pauthier, p. 276, note).

[2] Leçon : *antargatam.* — Var. *antar-bahir* (ms. C. Anth. et Gr.). Voir ci-dessus, stance 35. — Même vers : *bhâsayann-akhilam;* var. Anth. *bhâsayen-nikhilam* (*bhâsayet*) : « il illumine l'univers. »

[3] *Marîtchikâ* (ou *Marîcikâ*), c'est l'apparition de l'eau par effet du mirage; on a donné à ce phénomène le nom de *Marîtchi,* un des dix sages créés par Brahma; mais ce nom a aussi l'acception de « rayon lumineux. »

Brahma est sans relation avec le monde; il est l'être existant véritablement. Aussi, quand on ne le considère que sous
la forme du monde, ne le saisit-on pas. Que si Brahma est
considéré en dehors de toute ressemblance avec le monde,
mais en sa qualité de cause du monde, il est impossible de
rien connaître autre que lui. C'est en vain qu'on croirait voir
quelque chose hors de Brahma, comme on voit au loin cette
eau du mirage qu'on appelle, dans l'Inde, « soif des gazelles, »
mr̈iga-trishn̄ā.

Les moralistes indiens se sont approprié des sentences
tout à fait conformes aux vues des Védantins sur la puissance
de la pensée qui élève l'homme, le pénitent au-dessus des
Dévas; c'est ainsi qu'on lit dans Bhartrihari [1], à propos de la
science de l'Être suprême : « Celui en qui réside la connaissance (*bodha*) considère comme des bottes de foin tous les
groupes de Dévas, depuis Brahmâ et Indra jusqu'aux Ma-
routs, car il a le pouvoir, par son imprécation, de rendre
vaines toutes les splendeurs et toutes les forces, celles même
qui régissent l'empire des trois mondes. »

64.

Tout ce qui est vu, tout ce qui est entendu, n'est
pas différent de Brahma [2], et, par la connaissance
de la vérité, ce Brahma est contemplé comme l'Être
existant, intelligent, heureux, indivisé.

C'est en vain que l'on opposerait à Brahma, comme distinctes de lui, la vision, l'audition, la pensée et la parole :
tout cela se confond avec lui, l'Être sans dualité.

---

[1] *Bhartriharis sententiæ, etc.* éd. P. Bohlen, liv. III, st. 41, p. 60.
(Berolini, 1833.)

[2] Leçon : *Brahmaṇo 'nyan-na kiñcana.* — Var. Anth. *na vidyaté.*
Gr. *na tad bhavét.*

65.

L'œil de la science contemple l'Être vivant, intelligent, heureux, pénétrant tout ; mais l'œil de l'ignorance ne saurait le contempler, de même qu'un aveugle n'aperçoit point le soleil resplendissant.

Si Brahma, pénétrant tout, n'est pas saisissable par l'œil et par les autres sens, ni avec le secours des Dévas, ni par la pénitence, ni par d'autres actes [1], c'est que l'œil de l'ignorance ne saurait l'atteindre. Mais l'homme dont l'esprit est purifié par le secours de la science, et débarrassé de l'ignorance, voit Brahma en tout temps et en tout lieu.

66.

Le *Djîva*, ou l'âme, illuminé par la tradition sacrée et les autres moyens de connaissance [2], échauffé au feu de la science, débarrassé de toute souillure, brille lui-même avec l'éclat de l'or purifié par le feu.

Hautement éclairée par l'audition des Écritures, par la méditation et par d'autres exercices, consumée par le feu de la science, entièrement purifiée, l'âme est éclatante de beauté (*çobhaté*) ; elle est délivrée de la souillure de l'ignorance, qui est la racine de toute transformation du monde, elle brille elle-même individuellement (*svayam-éka samyak-*

---

[1] Le *Bhâshya* a conservé ici quelques fragments de textes védiques, mais avec de notables variantes d'un manuscrit à l'autre.

[2] D'après la leçon : *çravaṇâdi.* — Var. mss. O. et A. *smaraṇâdi,* « le souvenir, la réminiscence. »

prakâçaté). De même l'or, échauffé par le feu, échangeant sa couleur et ses autres défauts, brille avec l'éclat propre à sa nature.

67.

L'Esprit (*Âtman*), qui est le soleil de la connaissance, se levant dans l'éther du cœur, chasse les ténèbres, pénètre tout, soutient tout; il brille, et tout est illuminé [1].

68.

Celui qui entreprend le pèlerinage de l'Esprit qui est de soi [2], pénétrant tout, sans considérer ni l'état du ciel, ni le pays, ni le temps [3], dissipant le froid et le chaud, assurant un perpétuel bonheur et exempt de toute souillure, celui-là, affranchi complétement des œuvres, devient omniscient, pénétrant tout et immortel.

La dernière stance est d'un haut intérêt, en ce qu'elle exprime la pensée intime des philosophes védantins sur les observances de la religion brahmanique dont ils s'étaient faits les défenseurs dans leurs livres. Le commentaire met en évidence l'esprit des conseils que des maîtres de l'école ont voulu inculquer à leurs disciples, en ajoutant au poëme cette stance, qui n'est peut-être pas de Çañkara lui-même, mais qui cependant se trouve dans tous les manuscrits. En voici la glose indienne.

[1] *Bhâti sarvam prakâçaté* (mss. W. et T. éd. B. Anth. Gr. H). — Var. C. *sarvaprakâçavân.* — O. *yéna sarvam prakâçyaté.*
[2] *Yaḥ svâtma-tîrtham bhadjaté.* — « Das eigene Selbst. » (Gr.)
[3] *Digdéçakâlâdyanapékschya.* — Var. T. *Anth.* H. *anapéksha.*

La pratique du voyage aux *tîrthas* ou étangs sacrés, tels que le tîrtha de *Prayâga*[1], doit-elle être observée par qui connaît l'Esprit, afin de détruire les péchés qui font obstacle à la science? Il est dit à ce sujet que rien ne doit être pratiqué par celui qui se baigne dans l'étang sacré de l'Âtman.

Celui qui, renonçant à toute œuvre[2], et parvenant à l'état de *paramahañsa*, ascète du dernier degré, fréquente le tîrtha de l'Esprit, sachant tout en tout endroit, en vertu de la propre nature du souverain Esprit, devient immortel, c'est-à-dire absolument libéré.

Comment se fait le pèlerinage de l'Âtman? Sans considération du ciel, du pays, du temps, il s'étend à tout, dissipant les souffrances qui naissent du froid ou du chaud, assurant le constant bonheur par l'obtention de la délivrance. On voit tout le contraire dans les autres tîrthas : c'est pourquoi rien ne reste à désirer à quiconque s'est baigné dans l'étang sacré de l'Esprit.

Ici finit le traité avec commentaire de l'ATMABODHA, composé par le vénérable Çañkara âchârya, disciple respecté du vénérable Govinda Bhagavat, maître de l'ordre des mendiants et des ascètes sannyâsis du rang de *paramahañsa*.

[1] *Prayâga*, littér. «oblation,» est le nom de plusieurs lieux célèbres, dont le principal est au confluent du Gange et de la Yamunâ, la moderne Allahabad.

[2] Le texte désigne cet état par le mot *vinishkriya*, id. *nishkriya*, «n'accomplissant pas les cérémonies sacrées». (Voir *Sanskrit Wœrt.* B. IV, col. 247.) Il s'agit de l'homme qui a renoncé à toute activité, qui ne cherche point son salut dans les cérémonies de la foi populaire et dans l'accomplissement de pratiques quelconques.

BIBLIOTHÈQUE IMPÉRIALE IMPR.

www.ingramcontent.com/pod-product-compliance
Lightning Source LLC
Chambersburg PA
CBHW052146090426
42741CB00010B/2166

* 9 7 8 2 0 1 2 6 3 7 3 5 1 *